心理職は検査中に何を考えているのか？

アセスメントから
テスト・バッテリーの組み方、
総合所見作成まで

浜内彩乃・星野修一
［著］

岩崎学術出版社

はじめに

心理職として働くにあたって、「心理検査に精通していること」が求められることは少なくありません。

心理検査に精通するために、まず実施マニュアルを参考にして、検査用紙や検査道具を使って、自分で実施してみたり、同業者同士でロールプレイを行って練習し、実施方法を定着させます。さらに、実施マニュアルやさまざまな書籍を読んで、スコアリングや解釈について理解を深め、それでも不安な場合には、研修会にも参加するでしょう。

「やれる限りのことをやった！」

と、いざ心理検査を実施しようとしても、多くの悩みが生じてしまいます。

実施前では……、

・この心理検査で目的に沿った結果が出るのだろうか？

・テストバッテリーはどう組めばいいのだろうか？

・検査道具や教示はこれでいいのだろうか？

実施中には……、

・思わぬ質問が出てきたが、どのように対応したらいいのだろうか？

・クライエントが懸命に答えている最中は何をしていたらいいのだろうか？

・何を記録しておくといいのだろうか？

・クライエントに聞いておいた方が良いことはあるだろうか？

実施後にも……、

・この解釈で正しいのだろうか？

・結果をどのようにまとめたらいいのだろうか？

・いつも同じような所見の内容になってしまう

・所見がマニュアルに書いてある単語や文のつぎはぎになってしまう

・クライエントの役に立てる所見になっているだろうか？

本書を開いている皆さんであれば、こうした悩みにご自身の体験と重ねてうなずくことも多いでしょう。

私たちは、これまで臨床心理士・公認心理師として、医療現場や私設オフィスなどの臨床現場で心理検査を数多く実施してきました。そして、現在では、若手の心理職に助言や指導をする機会が増え、心理検査にまつわる研修会を実施したり、スーパービジョン（SV）を行ったりしています。
そんな私たちも、初学者の頃には先に挙げた悩みを持ち、苦しんできました。そして同じように悩み苦しむ若手の心理職に対して、その悩みを脱するための手立てを提供できないだろうかと思っていた矢先に、編集者の前川さんから書籍の執筆をご提案いただきました。

心理検査を行うには、クライエントと出会う前から準備をすることが重要です。そして、各検査に精通し、実施目的に合った検査を選択し、クライエントの情報収集を行い、クライエントと出会って検査を実施して、収集したデータを解釈します。それら一つ一つの作業が丁寧に、そして十分に行われて初めて所見を書くことができ、心理検査の目的に応じたフィードバックをすることができます。
書籍や研修会は、データを解釈するための知識やスキルに焦点を当てたものが多いようです。また、心理検査の書籍に掲載される事例には、背景の情報や検査データ以外にも多くの情報がありますが、それらの情報と検査データとがどのように結びついて所見が作成されているのか、詳細を記したものはありません。そして検査結果の解釈について多くのことが載っていても、それらをどのように組み合わせて所見にしていくのか、その過程は明示されていません。
そこで、本書では、各検査の特色について理解することから始まり、クライエントの情報収集の必要性や、検査中の行動観察が検査データとどのように組み合わさり、所見を作りあげていくのか、そのプロセスを明示しています。
それらをリアルに、またオープンに描き出すことで、その行動や思考過程を可視化できる形にしてみました（リアルを追求しすぎて、登場する心理職は非常勤勤務という「あるある」もあります……）。

本書を書き進める中で、心理検査の所見を作成するには、心理検査そのものの知識だけではなく、大学院のときに学んだ基礎心理学や、臨床現場で学んださまざまな臨床の知を用いて心理アセスメントを行っていることに改めて気づかされました。
そして、それらの知識や体験を統合し、所見を生み出すスキルには、どうしても「職人芸」のような性質があり、その体験のすべてを言語化することは困難であることにも気づきました。
それでも、若手心理職がつまずきやすいところを検証し、私たちが日々臨床の中で何を考えながら心理検査を実施しているのかを振り返り、できる限りのことを文章にしました。心理検査を実施する際に、心理職がどのようなことを思い浮かべているのか、そのあれやこれやを書き連ねています。
文章を読み進めてもらえれば、心理検査に習熟した心理職の思考を疑似的に体験できるような作りにしています。あくまで試みではありますが、同様の本は現在のところ他にはないと自負しています。

各心理検査のマニュアルと解釈の専門書とを有機的につなぎ、検査データとリアルなクライエントの様子とをいきいきとつなぐ

それがこの本の最大の特長です。
「この一冊を読めば、心理検査を実施できるようになり、立派な所見が書けるようになる」。そんな素晴らしい本があれば、どれほど多くの心理職が救われることでしょう。しかし、残念ながらそのような魔法の本や研修はこれから先も登場しません。
心理検査もカウンセリングと同様、クライエント一人一人と向き合っていく作業であり、クライエントとの関係なしに成長することはできません。人の心に触れることが容易でないことは、臨床を行う皆さんであれば十分にわかっていることでしょう。
検査を一つ一つ丁寧に実施し、クライエントを思い浮かべながら所見を書き、フィードバックをしたときの反応を見ていく……。その中でしか、クライエントの心に触れていることに気づくことはできません。
各検査のマニュアルを読み、検査の実施法を習得した後に本書を読んでもらうことで、クライエントの心に触れるヒントを見つけることができるでしょう。そしてさらに各検査の専門書を読むことで、リアルなクライエントの心について深く考えることができると考えています。
本書が、心理検査を機械的に行うのではなく、クライエントの心と向き合う場として体験する一助になれば幸いです。

最後になりましたが、本書を作成するにあたり、猫川さんをデザインしてくださった堀江篤史さん、本文と装丁をデザインしてくださった西野真理子さん、無名である私たちを本書の筆者として抜擢（ばってき）くださり、さまざまにご尽力いただきました編集者の前川千亜理さんに深謝いたします。

2023年 8 月

浜内彩乃・星野修一

CONTENTS

第1部 概要編

第2部 事例編

第４章以降について

第４章以降で取り上げる心理検査は、精神科クリニックにおいて心理職がよく実施するものを中心に取り上げています。実施法や結果の整理法、解釈法については、各マニュアルに基づいておりますので、その内容も確認しながら読み進めていただけると幸いです。

猫川さんの思考プロセス

心理検査を実施している最中や所見を書く際に何を考えているのか、どこに着目しているのかをリアルに描いています。目の前にいるクライエントの情報がどのように組み合わされ、心理アセスメントが構築されていくのか、その過程を参照してください。

ここがポイント！

一般的な心理検査実施や所見を書く際のポイントをまとめています。心理検査を実施する際のポイントとして参照してください。

第1部

概要編

第1章 心理アセスメントとは何か

1. 人の「心」に近づくための心理アセスメント

心理職は、何がわかるのか？

現在、心理職には、臨床心理士や公認心理師などの資格がありますが、心理職が多くの人々から受ける誤解の一つに、こういったものがあります。

「カウンセラーは人の心が手に取るように分かるの？」

そうした超能力をもし私たちがもっているとしたら、実に便利でしょうが、**残念ながら実際の心理職にはそのような超能力はありません。**心理職は「この困りごとはこういうことが原因として考えられるのではないか」とか「問題行動の背景に、この出来事の影響があるのではないか」などと推論を立て、予測することで、人の心の理解に近づくことができます。それは「**心理アセスメント psychological assessment**」と呼ばれる作業を実施することで可能となります。

心理アセスメントは、その人にまつわるさまざまな情報を専門的な技術を通して入手し、それらを専門的な知識を用いて整理し、その人物像や原因について見立てるものです。見立てが的確であればあるほど、自分の心を見抜かれていると感じることもあるでしょう。この見立ての作業である**「心理アセスメント」こそ、心理職の専門性の一つである**といえます。

では、心理職ではない人々が、ある人の話を聞いて情報収集をして、その人物像や性格を見立てるとして、心理職が実施するのとどのような違いがあるのでしょうか。

例えば、ある男性が医療機関に初めて受診したとします。彼は問診で「今まで仕事に集中できていたのに、最近は集中できず、能率も落ちて困っている」と話しました。その場面を例に考えてみましょう。

＊　＊　＊

心理職でない人は、自分の経験や知識から「あまり眠れていないのではないか」「仕事が大量にあって疲弊しているのではないか」「上司との関係がうまくいっていないのではないか」など想像するでしょう。どれもまちがってはいないかもしれませんが、これだけでは適切とも言えず、この時点でのアドバイスは有効性が乏しくなります。そのため、単なる慰めとしての共感や的外れなアドバイスになってしまう可能性があり、真に役立つことはないでしょう。

心理職の場合はどうでしょうか。心理学や精神医学の知識、さまざまな理論をもとに**複数の原因や多くの仮説、そしてその仮説が有効であるかを確認するための複数の手法**が思い浮かぶはずです。

●身体疾患や精神疾患の有無

基礎疾患、体調、睡眠リズム、生活リズム、食欲、気分、興味・関心などを確認します。

「集中ができない」に関連する疾患の一つとして、うつ病が考えられます。うつ病の診断基準に沿った情報収集を行うと同時に、抑うつ症状が出現しやすい身体疾患の有無も確認します。

●症状が先天性かどうか

実際の仕事状況、仕事以外での集中力、学校生活など、これまでの場面での集中力などを確認します。

男性は「今まで仕事に集中できていた」と話していますが、それがどの程度事実であるのか、職場の上司など客観的な情報を得ることも必要でしょう。また、成育歴やプライベートのエピソードを確認することで、本人の先天的な得意・不得意が影響している可能性を考えます。症状が一時的であれば、疾患が影響している可能性が高くなります。

●職場環境の変化

部署異動、業務内容の変更、サポート体制、勤務時間、昇進などを確認します。

環境の変化が生じたことによって、本人にとって苦手な状況が発生した可能性も考えられます。環境の変化のみの影響なのか、先天的な本人の要因との相互作用かどうかを検討します。

●対人関係や家族関係、家庭環境の変化

身近な人の死別、結婚や離婚、出産、転居等を確認します。

特に死別では、喪失体験のショックから立ち直ることの難しさが作業効率に影響している可能性があります。また、家庭や家族環境の変化は大きなストレスとなるため、変化に対処しきれずに一時的に精神活動が低下している可能性もあります。

●これまでの不適応エピソード

これまでの人生の中で同じような不適応のパターンを繰り返している場合には、本人のストレス対処法やレジリエンスが機能しにくい可能性があります。

このように、考え得る仮説をいくつも構築し、その仮説が正しいのか、確かめてい

きます。そのためには、より詳細に質問をして話を聞き、その話しぶりや様子を観察し、必要に応じて心理検査を提案します。心理アセスメントの作業を通して、さまざまな専門知識を活用し、その原因を探るための複数の方法を想定し、妥当性の高い原因を手繰(たぐ)り寄せることができるのです。原因が明らかになれば、よりよい手立ても見つかりやすく、問題解決に向けて建設的に行動を起こすことができるでしょう。こうした作業ができるかどうかの違いが、心理職とそうでない人々との違いであるといえます。

本書では、心理職がお会いする人々のことを「クライエント」と呼称しますが、心理職がクライエントの主訴や困りごとに対して、**専門的な知識や技術を用いて有効な心理アセスメントを行うために何が必要となるのか**を考えていきます。そして、なかでも心理検査を実施する際に、どのようなことを思考しながら作業をしているのかを具体的な思考プロセスを提示していきます。心理アセスメントは「仕事に集中していない＝疲労している」というように、一対一の対応で観察しうる事象に対して仮説を立てることはありません。これまで述べてきたように、**複数の情報や知識、理論を用いながら、繰り返し観察しうる事象との組み合わせを試みる**なかで、統合的に進んでいきます。

2. アセスメント＝「評価すること」？

改めてアセスメント（assessment）とは何でしょうか。

心理アセスメントの定義は、多くの心理の専門家によってまとめられていますが、これといった明確な定義はありません。津川(つがわ)（2009）はいくつかの文献を引用し、その定義について整理していますが、その中で「対象の心理学的特徴を多角的に捉えて

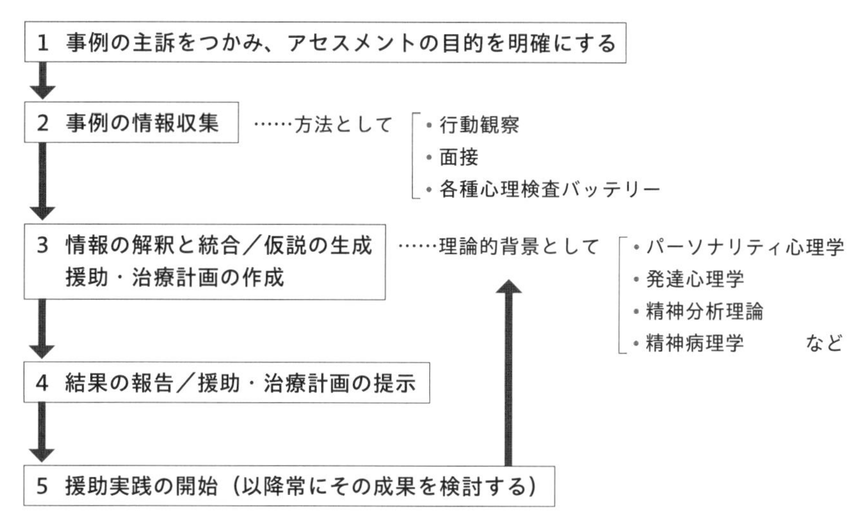

図1－1　心理アセスメントの流れ（篠竹、2014）

援助戦略につなげること」と説明しています。また、篠竹（しのたけ）（2014）は「援助を求めてきた対象者がなぜ今ここに来たのか、実際にどのような援助を求めているのかを理解し、その問題に対してどのような援助がふさわしいかを検討するために、面接・観察・検査などの臨床心理学的手法を用いて、その問題が生じた要因の仮説を立て、対象の持つ資質を明らかにしようとし、援助実践につなげていく専門的行為」であるとしています。

図1－1は心理アセスメントの流れを示しています。まとめると、主に①アセスメントの目的の明確化、②情報収集、③情報の解釈と統合と仮説の生成、援助・治療計画の作成、④結果の報告、今後についての計画の提示、⑤援助実践の開始という流れになっています。

複雑な作業のように見えますが、要するに心理アセスメントとは、**主訴や相談内容をお聞きし、その実像を把握し、原因やその背景を明らかにするために行われる一連のプロセスである**といえます。アセスメントによって把握できる内容は、クライエントの能力や特性、心理状態など、主訴に応じて多岐に分かれます。心理職はまずクライエントの話を聞いたうえで、アセスメントの目的を把握し、その時点で構成可能な仮説をいくつか立て、仮設の検証に必要な情報収集をさらに進めていきます。

ところが実際には、上図のように情報収集から仮説の生成まで一直線に進むわけではありません。情報を収集し仮説を立て、そこにまた新たな情報を加え、新たな仮説を生成し、また情報を収集して……と妥当性の高い仮説の生成に至るまで、その間を行ったり来たりします。さらに**新たに情報が加われば、前の仮説を単に棄却（ききゃく）するのではなく、前の仮説と新しい情報を総合し、新たな仮説を立てます**。

例えば、その人に関する複数の情報から「目に入ったものに意識が向きやすい」という仮説を立てたとします。しかし、新たに「紙に書き記したものを渡してもそこにある情報は意識しにくい」という情報が得られると、先ほどの「目に入ったものに意識が向きやすい」という仮説での説明が難しくなります。しかし、その仮説は複数の情報を総合して生成されたわけですから、完全に誤った仮説ではありません。その場合「どこかで組み間違えていたり、情報の不足があったのかもしれない」と考え、新しい情報も含め、新たにどのような仮説が成り立つのかを検討するのです。

このように、既存の仮説は新しい情報が入ってくるたびに更新されるので、カウンセリングのように長期に渡ってクライエントにお会いする場合には、定期的に心理アセスメントを見直すことが重要です。

心理アセスメントするうえで大事な３つの方法

心理アセスメントの方法には、大きくは以下の３つに大別されます。

- **面接法**……対象となるクライエントやその養育者、支援者と話をして、情報を収集する方法。
- **観察法**……対象となるクライエントやその養育者、支援者の行動を観察することで情報を収集する方法。クライエントの行動だけでなく、周囲の人々との関わり方や相互作用を含めて観察する。
- **検査法**……対象となるクライエントに対して、事前に用意された設問や用具を用いて情報を収集する方法（**心理検査全般**のこと）。

上記の心理アセスメントの方法は、臨床現場に応じて組み合わせて用いることができます。例えば、とある教科が苦手で授業への参加を渋っている児童の心理アセスメントであれば、その児童が授業に出席しているときに、学習の特徴や授業での様子を自由に観察します。そして、その児童のもつ詳しい認知能力や作業能力を把握する場合には、検査法を実施します。また、どのように困っているのか、詳細を知るためには、自由に質問を行う面談を設定することもあります。

これらの異なる方法で得られた情報を統合することで、より立体的にその児童の学習能力や対人関係を含めたパーソナリティ全体を把握することができるでしょう。

ただし、学校や職場、カウンセリングルームなど、実施場所によっては、心理アセスメントの方法が限定されることもあります。その場合、実施者は利用可能な方法の中からアセスメントの目的に必要な情報を収集するために適切な方法を選択し、得られたさまざまな情報を統合し、クライエントに有効な支援を検討します。

3. 心理アセスメントを実施するうえで必要な知識とは？

心理アセスメントを実施するためには、目の前にいるクライエントから情報を得ますが、ただ話を聞いたり、ただ様子を見たりしているわけではありません。「クライエントを観察する」ためには、専門知識とスキルが必要であり、心理職は心理アセスメントを実施する前にこれらを備えている必要があります。

では、どのような専門知識とスキルが必要なのでしょうか。まずは専門知識から見ていきましょう。

精神医学の知識

法律上、心理職は精神科医のような医学的診断はできませんが、DSM（米国精神医学会によって発行された分類学および診断ツールである精神障害の診断および統計マニュアル）やICD（世界保健機関の国際疾病分類）の最新版には目を通し、診断に必要となる最低限の知識をもっておきましょう。

なかでもまず、統合失調症や双極性障害のような、入院治療の可能性がある重篤な精神障害や入院治療を必要としないまでも社会生活に大きな支障をきたす可能性のあるパーソナリティ障害などの精神病理学にまつわる知識を備えておきましょう。

また、自閉スペクトラム症や注意欠如多動性症、限局性学習症などの発達障害、そしてその行動特性や認知特性、各年代におけるエピソードも学んでおく必要があります。精神状態の悪化につながり得る要素――睡眠状態や食欲異常が身体や精神状態にどのように影響するのかといった基本的な知識もあるとよいでしょう。

こうした知識をもつことで、クライエントの精神的混乱が生じる可能性を検討したり、困りごとや問題行動の背景の一つとなる生物学的要因を想定することが可能となります。

精神医学の知識をもつことで、心理検査を実施できる状態なのか、また、どのような支援方針が有効かを検討することができます。また、疾患がクライエントの生活に与える影響についても想定できます。

向精神薬の知識

向精神薬の種類とその作用と副作用についても知っておくとよいでしょう。精神科を受診し服薬をしているクライエントの場合には、薬の主な作用によって元々の精神症状が落ち着いてる場合もありますし、逆に副作用によって眠気や食欲増進のような症状が現れている場合もあります。

神経心理学の知識

認知症や高次脳機能障害のように、脳神経の損傷や永続的変化が生じる人もいます。脳構造や脳機能についての知識、脳機能をスクリーニングする神経心理学的検査の知識も役立ちます。発達障害者児への支援を検討する際にもこれらの知識は重要です。

発達心理学理論の知識

発達心理学にまつわる理論では、乳幼児期や児童期、思春期、成人期、中年期、老年期といったライフサイクルを通して、どのように人間の心身の機能が発達し、変化していくのかいくつかの理論が存在しています。そして、エリクソンの漸成的発達理論のように、年齢ごとでどのような心理的課題が達成されるのが望ましいのかを説明する理論も存在します。人生における年齢に応じた心理的、社会的発達を知っておくことで、目の前にいるクライエントが実年齢に相応しい発達を遂げているのか、今後、必要となる心理的、社会的な課題が何かを想定することが可能です。

臨床心理学の知識

フロイトを祖とする精神分析理論にみられるようなパーソナリティ構造にまつわる理解、防衛機制についての理論は、人の心を理解するうえで現代でも有用です。また、ベックを祖とする認知行動療法では、学習理論や行動科学の理論を援用し、不適応が生じている状況を改善するために個人の認知や行動に働きかけるモデルを想定することができます。さらに、臨床心理学を基盤としたカウンセリング技法は面接法を行う上で中心的な技法となるでしょう。

実際に心理アセスメントを実施するなかで、どのポイントに着目するのか、その着目の仕方や思考プロセスは、第４章で架空事例を通じて詳しく紹介します。

4. クライエントを「よく見る」「観察する」って何？

心理アセスメントを行う際には、言語情報だけでなく、非言語情報も収集します。クライエントに言葉を介して話を聞いていくだけではなく、**観察して得られる非言語的情報もクライエントを見立てるうえで重要**なのです。

では、心理アセスメントにおいて「**観察する**」とはどういうことでしょうか。P.２の「今までのように仕事に集中できず、能率も落ちて困っている」を主訴に来院した男性を例に考えてみます。

▼心理アセスメントをする際に必要な知識

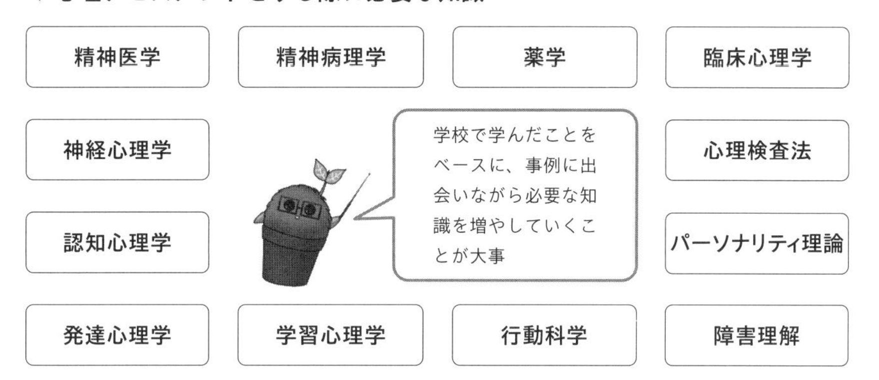

心理職は何を「観て」いるのか――外見、話す様子から

まず、**視覚から得られる情報**を収集していきます。服装は整っているのか、清潔感はあるのか、年齢相応のファッションをしているのか、その人独特のこだわりを示す要素があるのか、など着眼点はいくつかあります。衣服に汚れが目立っていれば、洗濯のような普段の家事ができないほどに活動エネルギーが低下している可能性や、衣服の汚れに頓着しないパーソナリティを示している可能性が考えられます。

次に、**嗅覚から得られる情報**を収集します。石鹸や香水の匂い、何日も入浴していないような体臭などさまざまにありますが、例えば、体臭を強く感じる場合には、洗濯や入浴など普段の生活が送れずに家で寝込んでいたという可能性があります。活動エネルギーがひどく低下するような抑うつ状態であるかもしれません。また、実際の自分の匂いに自覚的であるかどうかは、社会性の指標になります。

外見や匂いなどは出会ってすぐに得られる情報ですが、次は**「語る様子」から得られる情報**を収集します。自分に起きている状況を、時系列を整理して話すことができているのか、時系列が入り乱れていないか、誰の話をしているか、また、話す速さや流暢（りゅうちょう）さ、緊張感や詰まりがあるかどうかも観察する際のポイントになります。教養や知識の豊富さ、話題の偏り、話の流れや全体の整合性から、知的レベルや思考の水準を推測することもできます。

また、あいさつや気遣いなどの社会的なふるまいが自然にできるのかといったコミュニケーションの取り方から、社会性やコミュニケーション能力の程度や特徴を把握することができます。例えば、話す最中に腕組みをしていたり遠い席に着席していれば、他者に対する警戒心が強い可能性がうかがえますし、急に顔を近づけたり身体に触れてきたりすれば、逆に他者との距離感をつかみにくいと推測できるでしょう。

これらの情報を総合的に考慮し、さらに専門知識や理論を組み合わせて、クライエントの状態を詳しく見立てていくことが可能です。

「観察力」を鍛えるには

専門性をもってクライエントを観察するためにはトレーニングが必要です。一人のクライエントの外見を観察して、ある心理職が「見た目が派手である」と判断したとしても、この「派手」という表現は、おそらく判断する人によって基準が異なるでしょう。明るい茶髪で耳にピアスをしている見た目を「派手」と感じる人もいれば、そう感じない人もいます。身につけているアクセサリーやブランドに目が向きやすい人もいれば、話し方やアクセントが気になる人もいます。

このように「観察」という行為には、観察者の主観が多く含まれます。心理職は専門的なトレーニングを受けることでその人の主観に偏りすぎない観察力を身につけていきます。

クライエントの外見や態度、言動など、語り以外の非言語的な要素を観察するためのトレーニングには、心理療法の各オリエンテーションにおいてさまざまなものがありますが、初学者の頃には継続的なスーパーヴィジョンや事例検討によるトレーニングでその力を鍛える人が多いでしょう。心理職が自身の主観に偏らずにクライエントの非言語的な要素を客観的に観察するためには、まず自分がどのようにクライエントを観察しているかを知ることから始めます。

ただし、心理アセスメントするうえで気を付けてほしい点があります。それは、**心理職自身もアセスメントの結果に何らかの影響を及ぼす要因の一つである**ということです。アメリカの精神科医であるサリヴァンは「関与しながらの観察」という概念を提示しています。これは、クライエントと関わる一方で、客観的な視点からクライエントや自分自身を理論や知識に基づいて観察することの重要性を述べています。したがって、クライエント自身を上記のような手法で観察することも重要ですが、心理職自身もアセスメントの結果に何らかの影響を及ぼす要因の一つとして、その交流自体を観察する視点をもつことが必要です。

具体的には、①クライエントを観察すること、②心理職が自分自身を観察すること、そして、③クライエントと心理職との間で生じる相互作用を観察すること。**この3つの視点を行き来しながら、情報収集と仮説生成という心理アセスメントを繰り返していきます。**

第1章前半のまとめ

- 心理アセスメントとは、主訴や相談内容を聞き、原因や背景を明らかにするために行われる一連のプロセスのこと。
- 心理におけるアセスメントには「面接法・観察法・検査法」の3つの方法がある。
- 心理アセスメントを行うためにはさまざまな知識が必要。加えて、自己研鑽と実践との積み重ねが重要である。
- 外見や話す様子から観察は始まる。SVなどのトレーニングで観察力を鍛えよう。
- アセスメントの結果には、心理職自身も少なからず影響していると自覚しよう。

5. 心理検査とは何か

本項では、心理検査の概要を説明します。よく「心理アセスメント＝心理検査」と認識し、「検査を受けることで、パーソナリティ全体がわかる」と誤解している人がいますが、先ほども説明した通り、心理検査は心理アセスメントの手法の一つにすぎません。

心理検査とは、「知能」「発達」「パーソナリティ」「認知機能」「その他心理状態」等を測定するために、科学的手法に基づいて作られたものです。「科学的手法に基づいて」というのは、**標準化という手続きを経て作成する**ことを指します。標準化は、実験を繰り返し、データを集め、統計的に測りたいものを正しく測れているかを確認する一連の過程を指します。全ての心理検査はこうした研究の積み重ねによって作られます。そのため、検査が作られる過程が論文や理論、マニュアル、解説書などに掲載されており、統計のデータなども参照することができます。**心理検査がどのような研究に基づいて作られたのかを知っておくことも、採点や解釈などを行う際に有用**です。

ただし、心理検査は万能ではありません。例えば「優しい人」を測定するために作られた検査であっても、本当は優しい人なのに優しくないという結果になったり（偽陰性（ぎいんせい））、本当は優しくない人なのに、優しいという結果になったり（偽陽性（ぎようせい））します。心理検査の信頼性と妥当性の高さは、優しい人が優しいという結果になったり（真陽性）、優しくない人が優しくないという結果になったり（真陰性）する割合と比べることで示されます。これらの情報も統計データなどから知ることができます（**表1-1**）。

表1－1　心理検査の結果と実際とのズレ

質問紙の結果＼実際	優しい人	優しくない人
優しい人	真陽性	偽陽性
優しくない人	偽陰性	真陰性

心理検査の倫理

心理検査道具の取扱いについては、日本心理検査協会倫理要綱（ようこう）において、以下のようないくつかの取り決めがあります。

・心理検査の使用者は個人情報保護に心がける

・学校や各種相談所などの専門機関以外には販売、見本配布をしない

・検査後もテスト用紙などを散逸（さんいつ）させない

基本的に心理検査は、専門職など心理検査を扱える人以外が購入できません。心理検査の項目をクライエントに知られると、純粋なデータを収集できなくなる可能性があるためです。純粋なデータを収集できないのは、クライエントの不利益につながります。

心理検査を扱う専門職は、こうした**倫理要綱にも精通し、適切に使用すること**が求められます。

6. 何のために検査するのか

前述の通り、心理アセスメントを行う方法はさまざまにあり、心理検査はそのうちの一つです。そしてアセスメントを行う際に大切なことが大きく２つあります。

１つめは情報を収集すること、２つめはその収集した情報から仮説を立てることです。つまり、「心理検査を必要とするとき」というのは、心理アセスメントを行ううえで、情報の一つとして心理検査の結果が必要なとき、そして、仮説を立てる際に検査結果が役立つときなのです。

そのため、心理検査を実施する際、心理職ははじめに「**今、どのような情報がほしいのか**」を検討しておく必要があります。医療機関で医師がクライエントの困っていることや現在の状況を聞いていくなかで、診断基準に基づいて「統合失調症の可能性がある」という仮説を立てたものの、情報が不足していて、統合失調症の可能性を否定することも採用することも難しいことがあります。そうした場合は、統合失調症の鑑別ができる心理検査が心理職にオーダーされるでしょう。しかし、医師が症状など

を聞き取り、明らかな幻覚妄想状態などの統合失調症の主症状があり、統合失調症の診断をつけるために必要な情報が十分にそろっている場合には、統合失調症かどうかの鑑別を行う心理検査は必要ないため、オーダーされません。

他にも、「クライエントの不安がこれほど大きい理由がさっぱりわからない」というオーダーのように、心理検査の依頼目的が漠然としている場合もあります。このような場合でも、心理職は不安の背景にあるパーソナリティ特性や思考の特徴について仮説を立て、精神疾患の有無について必要な情報が得られる心理検査を実施することは変わりません。検査依頼の目的が明確であっても不明確であっても、「何も考えず」検査を実施すればいいということではないのです。

7. 心理検査の種類

心理検査は万能ではなく、一つの検査でクライエントのすべてを知ることは不可能です。つまり、それだけでクライエントのパーソナリティも知的能力も対人関係もすべてを知ることはできません。

心理検査には数えきれないほど多くの種類がありますが、**それぞれの検査で測定できることや検査の特徴を知り、その機能と役割、限界について理解したうえで、適切に用いる必要があります**。この大前提を踏まえ、心理検査の大まかな種類とそれぞれの特徴について説明します。

心理検査は、測定する対象によって分類することができます（**表1－2**）。

パーソナリティを測定する心理検査は多岐にわたりますが、検査方法によってさらに質問紙法、投影法、作業検査法の３つに分けられます。

表1－2　心理検査の種類と目的

目的	心理検査の種類
知能を測定する	ウェクスラー式知能検査、ビネー式知能検査　など
発達を測定する	新版K式発達検査、津守（つもり）式乳幼児精神発達検査　など
パーソナリティを測定する	バウムテスト、ロールシャッハ・テスト、SCT（文章完成法）、TEG（東大式エゴグラム）、YG性格検査（矢田部ギルフォード性格検査）、風景構成法、内田クレペリン精神作業検査　など
認知機能を測定する	HDS-R（改訂長谷川式簡易知能評価スケール）、BGT（ベンダー・ゲシュタルト・テスト）　など
その他心理状態を測定する	SDS（自己評価式抑うつ性尺度）、STAI状態・特性不安検査　など

質問紙法

質問紙法は、質問項目に対してクライエントが回答していく心理検査であり、代表的なものとして、TEG（東大式エゴグラム）、YG性格検査（矢田部（やたべ）ギルフォード性格検査）などがあります。回答方法は、「はい」「いいえ」で答えるものや、「よくある―たまにある―ときどきある―まったくない」などの複数選択から答えるもの、自由回答などがあります。質問方法も、質問用紙をクライエントに渡し、クライエントが自分で質問項目を読んで、あてはまるものに○をつけたり、自由記述を書いたりするものや、検査者が質問してクライエントが口頭で答えるものもあります。

質問紙法の大きな特徴は、検査によって得られた情報が、全てクライエントが意識して回答した結果に基づいているということです。例えば、「あなたは人に対して親切だと思いますか」という質問項目に「はい」「いいえ」で答えたり、どれくらいあてはまるかを複数の選択肢から答えたり、その理由について自由に答えたりした場合、その回答はどれも回答者が「意識している」ことになります。「あなたは人に対して親切だと思いますか」という質問に対して「はい」と回答した人が、検査の結果で「あなたは人に親切にする傾向があります」と言われたとしても、驚くことはないでしょう。質問紙は、クライエントの意識と結果が大きく異なることはありません。

その代わり、クライエントは意識的に回答を操作できてしまいます。先ほどの「あなたは人に対して親切だと思いますか」という質問に対して、「人から親切だと思われたい」と思えば、実際に人に親切にしていなくても「はい」と回答できます。また、心理検査に対して抵抗が強い人は、全て「はい」と答えたり、いい加減に回答したりすることも容易にできます。そのため質問紙検査のなかには、妥当性のある回答かどうかを見抜くための方法が含まれているものもあります。さらに質問紙は質問項目の意味を理解できることが前提条件となるため、子どもや海外にルーツのある方など、日本語を十分に理解できない人には実施が困難となります。

質問紙法の採点基準は明確で、結果は数値によって算出されるものがほとんどです。初学者でも比較的実施や採点はしやすいでしょう。ただし、数値のみで即座にクライエントを理解するのではなく、その意味を正しく理解し、回答内容も含めて解釈する必要があります。

投影法

投影法は、曖昧で多義的な視覚的・言語的刺激を与え、それに対するクライエントの反応を査定する心理検査です。代表的なものとして、バウムテスト、ロールシャッハ・テスト、風景構成法、SCT（文章完成法）などがあります。図版やイラストを見せて、それが何に見えるかを説明したり、「家族」や「木」など特定のテーマに沿って絵を描いたりします。

投影法の大きな特徴は、クライエントの「無意識・潜在意識」を知ることです。例えば、「どのような家を描けば、どのような結果になるのか」という因果関係は、質問紙に比べてわかりにくく、回答を意図的に操作するのは難しいです。そのため、クライエント側は「何を見られているかわからない」と感じやすく、一方的に心を覗かれているように感じるかもしれません。このことから「侵襲性が高い検査」ともいわれています。

また、低年齢の子どもや言語障害がある人など、言語のやりとりが困難な人であっても実施することができます。言葉で応答しなければならない検査であっても、教示は短く、応答も簡潔ですむものが多いです。

投影法は、無意識的な心の動きがあることを前提とした深層心理学の理論を背景としているため、解釈には深層心理学に関する一定の知識と理解、さらに長年の訓練が必要です。質問紙法と異なり、明確な採点基準がなく、解釈や結果は検査者の熟練度に影響を受けやすいといえます。

作業検査法

作業検査法は、クライエントが特定の単純な作業を行う心理検査です。代表的なものとして、内田クレペリン精神作業検査、BGT（ベンダー・ゲシュタルト・テスト）などがあります。単純な計算を一定時間実施したり、図版を書き写したりし、作業量やその変化からパーソナリティの傾向を見ます。言語のやりとりを必要としないため、言語表現が困難な人にも実施しやすく、クライエントが回答を意図的に操作することは難しいでしょう。

ただし、一定時間、集中して作業を行わなければならないため、本人が疲れている状況で実施すると、本来備えている特徴や能力を正確に把握することができなくなってしまいます。モチベーションや集中力も結果に反映されやすいことに注意が必要です。

質問紙法と同様、実施法や採点基準は明確であるため、初学者でも実施しやすいでしょう。しかし、結果の解釈は質問紙よりも複雑なものが多く、訓練が必要です。

「パーソナリティ」を測定する心理検査でも、TEG や YG 性格検査などのように質問紙法で測定するものもあれば、バウムテストやロールシャッハ・テストなどのように投影法で測定するものもあります。

これまで書いてきたように、質問紙法であれば、クライエントが意識しているパーソナリティが明らかになり、投影法であれば、クライエントの無意識のパーソナリティが明らかになります。このように検査方法とその対象によって、「何を知ることができるのか」は異なります。まずは、**それぞれの心理検査が何を測定の対象としており、どのように測定するのかを知ることが大切**です。また、これまであげた心理検査のなかには、診療報酬の点数が適応されるものと、そうでないものがあります。医療機関で心理検査を実施する場合には、診療報酬の点数が適応されるかどうかも知っておく必要があります（付属資料参照）。

8. どのように実施するのか

バウムテストやロールシャッハ・テストのように、同じ投影法でパーソナリティを測定する心理検査であっても、実施方法や内容によって、測定できることや解釈できることは異なります。一つ一つの心理検査がどのように実施されるのかを知っておくことが重要です。

特に、**教示や実施方法はそれぞれのマニュアルや専門書に丁寧に目を通し、決められた通りに実施しましょう**。教示は「検査結果がクライエントの特徴を明確に反映すること」を目的としています。例えば、ウェクスラー式知能検査の検査項目の教示には、「できるだけ早く作ってください」と指示するものがあります。「できるだけ早く作ってください」と教示されて慎重に作った場合と、「作ってください」と教示されて慎重に作った場合とでは、クライエントが課題を実施するスピードに対する意識が異なるため、その結果を同じように解釈できません。心理検査は標準化の過程のなかで多くの人に実施され、そのデータをもとに解釈が構築されるため、解釈は同じ実施方法・教示であるときに有効なのです。

他にも、バウムテストと樹木画テストはどちらも同じ木を描く検査ですが、教示が異なります。そのため、どの方法を用いて実施するのかをきちんと意識する必要があります。「実のなる木を描いてください」と教示するのと、「木を一本描いてください」と教示するのとでは同じ「実がない」という結果でも解釈が異なります。

また「一本」という教示に対して、二本以上の木が描かれると、その意味について検討することができます。ちょっとした文言であっても、教示には意味があります。**勝手に変更したり、省略したりしない**ことが、正確に解釈をするスタート地点となります。

また、質問紙法や作業検査法は実施法がマニュアルに細かく載っているため、検査者が判断する場面は少ないです。このように、検査者の自由度が低い検査を**構造化の強い検査**といいます。

しかし、描画など投影法では、画用紙はどの大きさのものを用いるのか、鉛筆はどの濃さのものを用いるのか、枠付けはするのか、1枚だけ描いてもらうのかなど、検査者が知りたい情報やクライエントの状況によって検査者が判断しなければならないことが多くあります。このように検査者の自由度が高い検査を**構造化の弱い検査**といいます。構造化の弱い検査は、クライエントが自由に内面を表現することを求められるため、比較的、クライエントの不安や緊張を喚起しやすいとされています。

心理検査で描画を行う場合、一般的にはA4サイズの画用紙かB5サイズの画用紙もしくはケント紙を用いられます。画用紙のサイズが小さくなればなるほど、絵は単純なものになりやすく（山中・1996)、クライエントの精神的負担が少なくて済むといわれています。抑うつ傾向が強いなど、精神エネルギーが低下しているクライエントの場合には、小さい画用紙の方が描きやすいでしょう。鉛筆については、HBよりもBや2Bなど濃い方が芯が柔らかく描きやすいとされています。また、濃い鉛筆の方が線の濃さを調整しやすくなります。

バウムテストやHTPテストでは、消しゴムが渡されるので、クライエントは何度

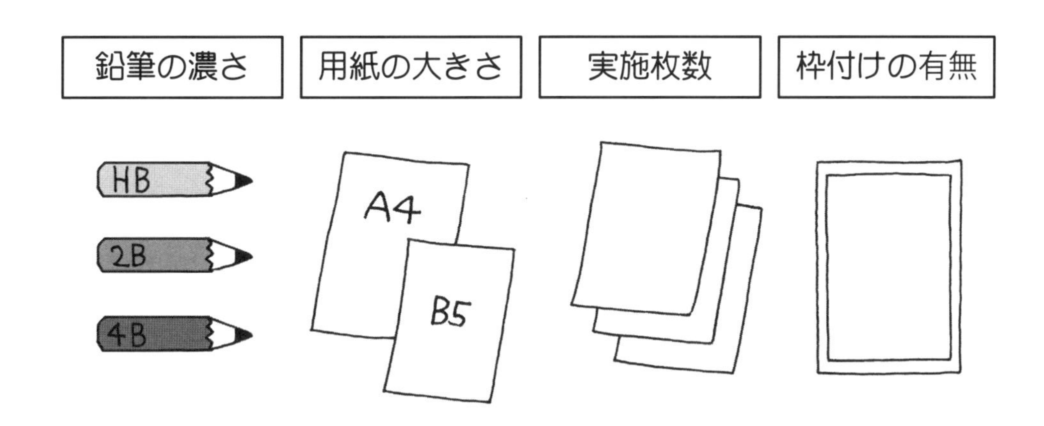

も消すことができます。一方、風景構成法ではサインペンを使うため書き直すことができません（鉛筆を横に置き、クライエントが選択できるようにしてもいいです）。

風景構成法では「川」や「山」など複数のアイテムを順に描いていきますが、次に何を描くのか分からないなかで次々指定されたアイテムを描いていくことになります。そのため、アイテム同士の整合性を上手くとらなければいけません。つまり、１枚の紙に１つのアイテムしか描かなくてもよいバウムテストよりも、認知機能や精神機能の働きを必要とします。

また、P-F スタディや TEG、YG 性格検査でも消しゴムを渡さず、間違えた場合には二重線で誤った回答を消して正しい回答をするよう教示します。採点の際には、正しい回答で評価をしますが、どのような回答を消したのか、なぜ消す必要があったのか、どこを間違えたのかなども解釈においては、有用な情報となります。

障害のあるクライエントへの配慮

視覚障害があるクライエントに TEG を実施する場合には、検査者が質問項目を読み上げ、クライエントが口頭で解答をする方法をとります。なお、そうしたマニュアルに載っていない方法で実施せざるをえなかった場合には、必ず所見にその旨を記載するようにしましょう。また、クライエント自身が質問項目を読み、回答を書き込む場合と、検査者が質問項目を読み上げ、クライエントが口頭で解答する場合とでは、結果への影響の仕方が異なります。前者の場合は、クライエントが質問項目を何度も読み返したり、後で考え直したりすることができますが、後者の場合は、そうしたことはできません。そうした細かい違いが、結果にどのように影響したのかを考慮して解釈する必要があります。

ここまでに書いたことはほんの一例です。こうしたことをただ暗記しても、さまざまな症状を抱え、来談するクライエントに対応することはできません。

特に心理検査を学ぶにあたっては、**実施方法と教示、解釈とのつながりを意識すること**が重要です。心理検査のロールプレイをする際には、検査者役の人に言われたことをどのように受け取ったのか、どのようなことを感じたのか、何を考えながら回答したのかなどに意識を向けましょう。そして、自分で実施した検査データを自分で解釈してみてください。

実施方法や教示を単に「決められているから」「本にそう書いてあるから」と片づけてしまうのは心理検査を最大限に活用しにくくなり、その魅力も損なわれてしまいます。

実施方法や教示の意味、解釈を理解するには、それぞれの心理検査の成り立ちを知ることがより近道となります。そうした理解が進むことで、イレギュラーな対応をせざるをえない場合や柔軟な対応が求められる場合にも、実施法と教示と解釈とのつながりを考えたうえで必要な対応をとることができるのではないでしょうか。

また、検査者自身が知りたいと思うことを工夫することもできます。筆者は長時間の検査を実施する場合には、事前に「トイレに行きたいとか休憩したいとか思ったときは教えてください」と伝えるようにしています。このように声かけをすることで、自発的に休憩などを申し出ることができるかを見ることができます。この言葉があるのとないのとでは、クライエントが疲れた様子を見せた際に、検査者が「休憩しますか？」と声をかける意味合いが異なるのです。

第１章後半のまとめ

- 心理検査は、科学的手法に基づき、知能やパーソナリティ、認知機能などを測定するもの。
- 目的があって初めて心理検査が実施される。むやみに実施すればよいわけではない。
- 各検査の特徴やその機能と役割、限界について理解したうえで、適切に用いる。
- 教示や実施方法は、勝手に変えたりせず、決められた通りに実施しよう。
- 実施方法や教示を教科書通り覚えるだけでなく、その目的や意味も考えよう。

第2章 クライエントに出会うための準備

心理検査の実施場所は、医療機関、教育機関、福祉施設、司法機関、私設オフィスなどさまざまです。また、実施場所によって、心理検査を実施するまでの経緯も異なります。ここでは、まず医療機関で心理検査を実施することを想定して、検査を実施するまでに必要な準備について説明をします。そのうえで、他の機関ではどのような工夫やアレンジができるかについて提案します。

1. 心理検査の予約に至った経緯を知る

医療機関で心理検査が実施される経緯は、大きく2つあります。

医師からオーダーされる場合

まず一つ目の経緯は、医師からのオーダーです。検査のオーダーがどのように心理職に伝えられるかは所属機関によってさまざまです。心理職の予約表に自動的に予約が入っていて知ることもあれば、医師やコメディカルから口頭で伝えられることもあります。

医療機関での心理検査は、基本的には保険診療内で実施されます。つまり、**診療報酬の点数が算定される検査でオーダーされる**ことがほとんどです。診療報酬点数表には「臨床心理・神経心理検査は、医師が自ら、又は医師の指示により他の従事者が自施設において検査及び結果処理を行い、かつ、その結果に基づき医師が自ら結果を分析した場合にのみ算定する」という記載があり、医師からのオーダーがなければ実施できません。

医師から検査のオーダーがあれば、まずはなぜその検査がオーダーされたのかを把握します。前章でも述べた通り、目的が曖昧なままだと、適切に検査の種類を選択したり、医師が求めている内容の所見を書いたりすることができません。求められる所見を提出できないと、せっかく時間をかけて実施した心理検査の結果が有効に活用されません。医療機関であれば、検査の目的をオーダーした医師に直接確かめることができますが、それらが難しい場合は、カルテの情報から推測します。

心理検査を実施する目的は医師によってさまざまですが、主に、**①精神疾患の鑑別のため、②クライエントのニーズに答えるため、③治療方針を検討するため**、の3つに大別されます。カルテから情報を探る場合は、まずこの3つの目的を踏まえて読むようにしましょう。

①　精神疾患の鑑別のため

医師は「統合失調症かどうかを知りたい」というように、診察の時点で特定の疾患に「あたり」をつけています。その見立てが妥当であるかを確認するためにオーダーすることもあれば、複数の疾患が考えられるため迷ってオーダーすることもあります。そもそも精神疾患であるかどうかを知りたい場合もあります。特定の疾患にあたりをつけている場合には、鑑別するための心理検査を実施しなければなりませんし、精神疾患の可能性があるかを知りたい場合には、広く疾患の可能性をみることができる心理検査を実施する必要があります。

②　クライエントのニーズに応えるため

これはクライエントが心理検査の実施を希望しており、医師が同意し、オーダーする場合です。なぜ心理検査を希望したのか、特定の検査を希望しているのかなどを確認します。医師から情報が得られない場合でも、心理検査の前に直接クライエントに尋ねることができます。心理検査を受けたいと希望したときに、医師がどのように応答されたのかを合わせて確認するとよいでしょう。

③　治療方針を検討するため

デイケアなどの集団の場が有効かどうか、自立や就労の可能性がどの程度あるのか、心理療法が適応かどうか、向精神薬（精神科で扱う薬）の選択をどうするかなど、治療の方針を医師が知りたい場合です。特定の治療方針についての適性を知りたいと思っているのか、どの治療方針がいいかを幅広く知りたいと思っているかによって、検査内容や所見に書くことが異なります。

心理職が医師に直接提案する場合

２つ目の経緯は、**心理職が医師に心理検査の実施を提案する場合です。**しかし医療機関では、医師との関係性や所属機関のシステムによっては、提案が難しい場合もあります。先述したように、医療機関では、心理職自身が検査の実施を決定することはできず、医師が了承した場合にのみ実施できます。

心理職が心理検査の提案をするのは、すでにカウンセリングやデイケアなどでクライエントと関わっているときです。つまり、**直接クライエントと関わるだけではわからず、心理検査を実施することで初めてわかるクライエントの特性や状態を知る必要があると考えたとき、医師に提案するのです。**

例えば、あるクライエントの得意・不得意の差が大きく、その特性が困りごとに大きく影響しているという見立てを立てていれば、「具体的に何がどのくらい得意・不得意であるかを知り、クライエントと共有することが今後の手立てに役立つ」と考え、導入を検討するでしょう。

心理職から心理検査を提案するには、複数の心理検査について精通していることはもちろん、**診療報酬の点数などを知っておくこと**が重要です。診療報酬は国民の保険料によって支えられている制度であるため、不要な検査を実施するわけにはいきません。不要な検査を実施していると審査支払機関に判断された場合には、機関から問い合わせが来たり、算定を却下されたりすることもあります。診療報酬点数表の心理検査の注釈には「同一日に複数の検査を行った場合であっても、主たるもの１種類のみの所定点数により算定する」と書かれています。テスト・バッテリーを組む際には、いつ、どの検査を実施するかも気をつけるようにしましょう（第３章参照）。

所属機関に利益を還元するためには、**コストパフォーマンス**も重要です。医師に「検査を実施する意味」「有用性があることとその理由」「検査にかかるコスト（時間や労力）」も伝えなければなりません。心理検査についての知識やスキルを習得するだけでなく、他職種やクライエントに適切に説明できるスキルも習得する必要があります。各心理検査のマニュアルを読み込み、本書の事例におけるクライエントや医師とのやりとりを参考にしてください。

心理検査を実施するまでの流れは、医師からのオーダーであっても、心理職による提案であっても同じです。最終的には医師が実施を指示し、その後、クライエントに検査について説明します。心理職は、検査について説明を受けているクライエントの様子や反応を医師に確認するようにしましょう。加えて、医師がどのような説明をした結果、そうした反応になったのかも、併せて確認するとよいでしょう。

しかし、医師が「心理検査をしましょう」という提案だけで、具体的な検査内容やその理由まで説明していない場合もあります。そうした場合は、心理検査を行う前に、検査を担当する心理職からクライエントに検査内容や目的などを説明し、**インフォームドコンセントを得る**ようにしましょう。

一方、心理検査の実施に対して、拒否的な態度を示すクライエントもいます。事前に医師から説得されて一応の同意を得て検査に臨んでいる場合でも、医師との関係性や検査に対する拒否感が結果に影響する可能性を考えておく必要があります。さらに、診察の場でクライエントが医師に心理検査に関する質問をしていたら、「何が気になって質問したのか」という情報も心理アセスメントに使うことができます。

医師が丁寧に心理検査の実施について説明をし、同意していたにもかかわらず、実施する段階になって、医師の説明とクライエントの理解に食い違いがある場合や、検査実施後に「本当は受けたくなかった」と訴える場合もあります。これらの事態が起

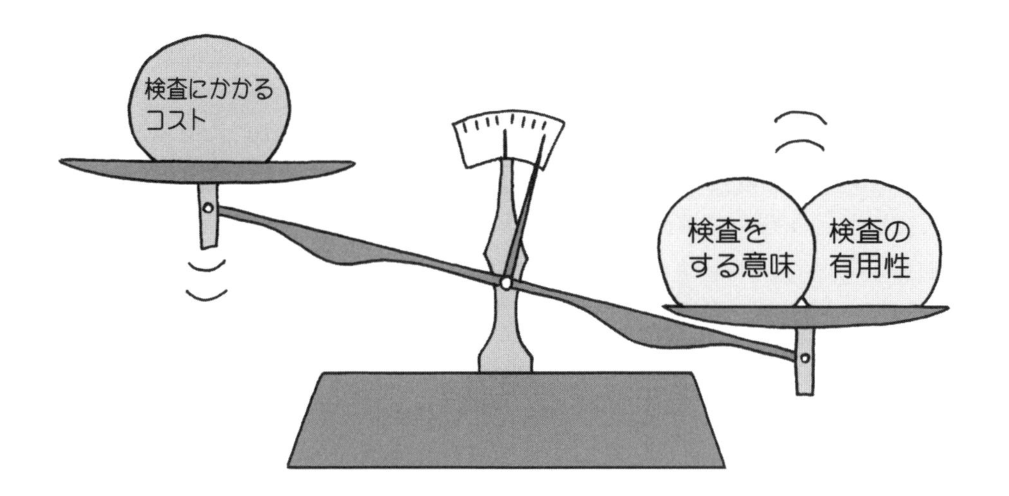

こる背景には、クライエントのモチベーションの変化や言語理解の弱さなどさまざまな要因が考えられます。こうした訴えもクライエントの特徴を反映しており、心理検査の結果と併せて解釈することで、本人の状態をよりクリアに描き出すことができます。

心理検査を実施した後は、検査結果をまとめ、所見を作成し医師に提出します。医療機関では、検査所見を医師からクライエントに渡したり、医師が結果を要約してクライエントに伝えたりします。**医師とクライエント双方のニーズをしっかりとくみ取り所見を作成**しなければ、結果を効果的に活用してもらうことは難しいでしょう。

このように、心理検査の目的は、検査の選択から所見の作成まで、すべての方向性に大きく影響します。

心理検査の実施や所見には必ず「目的」が必要です。目的が明確でないまま、検査を実施してしまうと、後で「どう所見をまとめてよいか分からない」と困ったり、所見が解説本のコピー＆ペーストのようになってしまったりします。所見がうまく書けない背景に、目的を明確に認識できていないことが少なくありません。

医療機関以外（教育機関や福祉機関）で実施を提案する

さて、ここまで医療機関で実施する場合のことを書いてきました。では、医療機関以外の臨床現場ではどのような経緯で検査が実施されるのでしょうか。

教育機関や福祉機関では、教員や指導員など、クライエントに関わっている他職種から心理検査の実施を提案されたり、心理職自身が必要性を感じたり、クライエントからの希望があったりしたときに実施することが多いです。この場合の最終的な実施の判断は心理職が担います。

心理職が最終的な実施を判断する場合には、検査による負担がクライエントにどの程度影響するかを考える必要があります。心理検査の種類や内容、所要時間に応じてクライエントに精神的負荷をかけることになります。また「検査」という言葉に過敏に反応するクライエントもいるでしょう。さらに、心理検査の提案自体が、クライエントと支援者との関係に影響を与えます。実施者がクライエントの日常生活や日中活動に関わる場合（就労支援員やスクールカウンセラー等が心理検査を実施する場合）には、**日常の関係性における検査結果への影響**も考えなければなりません。

誰が、何の目的があって心理検査を実施した方がよいと考えているのか、心理検査の結果はどのように活用される予定なのかを所属機関内やクライエントときちんと共有しておくことが大切です。特に、教育機関や福祉機関にはカルテがないため、心理検査の提案に関するやりとりがケース記録に残っていないことも多々あります。心理職が責任をもって確認し、記録を残しておきましょう。また、心理検査を実施するための手順などルールを所属機関内で作成するのもよいでしょう。

教育機関や福祉機関では、医療機関と異なり、**心理検査を無料で実施する**ことも少なくありません。診療報酬も気にしなくていいため、選択する心理検査の幅も広がります。クライエントに金銭的負担をかけずに実施できるため、多くの人にとっても実施しやすいでしょう。

一方で、手軽に実施できるからこそ、クライエントへの説明がおろそかになってしまい、「とりあえず受けてみましょう」といった説明だけで実施してしまうパターンを見かけることがあります。心理検査の種類によっては、初回実施時の反応が非常に重要だったり、再度実施するのに１年以上間をあけなければいけないものもあります。**不要な実施はクライエントに負担をかけるだけでなく、クライエントの不利益につながる**ということも意識しておきましょう。

また、無料であることから検査の予約数が多くなり、実施までに半年～１年かかってしまうという話も聞きます。だからといって検査者が予定を詰め込んで実施し、検査手順や所見がいい加減なものになってしまっては意味がありません。自身が実施や所見作成にかかる時間を見通し、業務全体のバランスを考えて予約方法を所属機関内で相談しておくことが望ましいです。

また、心理検査の予約から実施までに期間があいてしまうと、クライエントのモチベーションが変わってしまったり、困りごとの状況が異なってしまい、「すぐに対応をしてもらえなかった」という不満にもつながることがあります。予約と実施に間があいてしまった場合は、予約時の様子と、実施時の様子を両方確認してください。そして、その様子に違いがある場合には、なぜ違いがあったのか、その違いや変化にクライエントがどのように感じているかなどを確認することも大切です。

▼心理検査を実施する際に確認すべきこと

誰が希望 しているのか	何のために 実施するのか	結果をどのように 活用するのか	精神症状
検査をする ことでの影響	クライアントとの 関係性	所属機関の ルール	

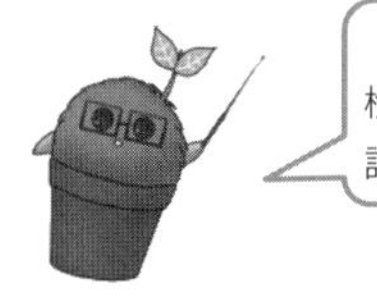

福祉機関や教育機関などでは検査を実施するに至った経緯を記録に残しておくこと

医療機関以外（私設オフィス）で実施を提案する

私設オフィスで心理検査を実施する場合には、クライエントからの依頼が多く、クライエントの心理検査への意欲やモチベーションは高くなりがちです。しかし、全額自費になるため、医療機関と比べてクライエントの経済的負担は大きくなります。

何らかの事情で医療機関や公的機関で受けることが難しいクライエントもいます。事情を尋ねたうえで、その理由を確認しましょう。もし通院中の医療機関で心理検査が行われていなければ、主治医に心理検査を実施している医療機関を紹介してもらえないかを確認してもらうことも重要です。

医療機関に通院しているにもかかわらず、私設オフィスで心理検査を行う場合には、事前に主治医の指示を受ける必要があります（公認心理師の場合は必須ですが、公認心理師以外の方でも主治医の指示は得ておくのがよいでしょう）。また、公的機関や医療機関とトラブルになって私設オフィスを頼ってくる人や、精神科を受診することへの抵抗が強く、来所する人もいます。

教育機関や福祉機関と同様に、私設オフィスでも最終的な実施は心理職が判断します。特に私設オフィスは、心理職自身が経営者であることも多いため、実施における責任は全て心理職が担うことになります。**精神疾患の有無や心理検査による精神状態への影響をきちんとアセスメントし、万全に実施できるかどうかを判断**しなければなりません。

筆者がこれまでにお会いしたクライエントのなかには、休職中に心理検査を受けたいと思ったけれど、主治医に反対されたので私設オフィスに申し込んだ人もいました。精神症状が強い場合には、時間のかかる心理検査を実施するだけの精神力や体力がなく、症状を悪化させてしまうリスクもあるので、注意が必要です。

また、心理検査を「取られた（やらされた、心を覗かれた）」と感じたり、心に侵入されたように感じ、検査後に不安定になってしまう人もいます。医療機関であれば、すぐに主治医に相談し、点滴や服薬の処方、ベッドで休憩するなど適切に対応することができますが、医療機関以外ではそうした対応が難しくなります。教育機関や福祉機関では、心理職以外にも勤務しているスタッフがいることが多いため、いざというときには他のスタッフに助けを求めたり、翌日以降の様子を確認してもらうこともできます。しかし、私設オフィスではそうしたことができないため、他機関よりも実施の判断は慎重になる必要があるでしょう。

私設オフィスならではですが、「自分の知能指数を知りたい」「子どもの能力・性格を知って子育てに活かしたい」という理由で検査を希望するクライエントは多いです。大きな困りごとや精神症状があるわけではないものの、「自分（子ども）のことを知りたい」という目的で来談します。こうしたクライエントは、大きな困りごとがなくても自費で受けられるほど、経済的に安定・自立している可能性が高いため、ある程度の報酬を得られる仕事を継続している可能性が高く、社会適応のよさをアセスメントすることができます。

しかし、社会適応とは別に、本当に困っていることや心配なことがある場合もあります。それにもかかわらず、意識化できていなかったり、他人に伝えるのに抵抗を感じたりすることもあります。心理検査を受けることに興味をもった動機や、検査をどのように理解しているのかなどを確認しましょう。私設オフィスで心理検査を受けようと思った理由をきちんと確認しておくことで、所見やフィードバックの際に伝えるべきことを明確にできます。

2. クライエントの情報を集める

心理検査の予約に至った経緯について情報を収集すると同時に、クライエント自身に関する情報も集めていきます。

医療機関の場合、一番重要な情報源は**カルテと問診票**でしょう。

カルテで何を見るのか

カルテを通じて、クライエントがいつ頃にどのような主訴で来院したのか、どのような症状があるのか、診察の頻度や医師の診断、処方についての情報を確認します。心理検査が来院して早い段階でオーダーされた場合は、精神疾患の鑑別や治療方針の決定のために実施されることが多く、クライエントの全体像を知りたいと思っている可能性が高いでしょう。反対に、診察だけでは鑑別が困難な状態であることも想像できます。

来院から１年以上など長い時間が経過してからオーダーされた場合は、治療が順調でなかったり、予想外の経過をたどっていたりするなど、医師が困惑する状況である可能性があります。長い経過のなかで、なぜ今の時点でのオーダーであるのかを把握することが重要です。

また今までの処方内容や経過を知ることで、診断名が明記されていなくても、医師がどのようにクライエントを見立てているのかを想像することができます。

例えば、不安を強く訴えているクライエントに抗うつ薬を処方していればうつ症状からくる不安だと予想できますし、抗精神薬を処方していれば精神病水準の不安だと見立てている可能性もあります。処方だけで判断するのは避けるべきですが、医師と十分に話す時間がないときに、仮説として考えておくことは有効です。

問診票で何を見るのか

さらに初めて受診した際にクライエントが記入する問診票（住所や連絡先などの基本情報、症状などが書かれている）では、クライエントの自筆を見ることができます。

字がどれくらい整っているか、漢字がどの程度書けているか、誤字や脱字がないか、症状などをしっかり書くことができているかを確認することができます。心理検査では、文字や文章を書く検査が少ないため、こうした問診票で確認しておくことも重要です。**文字や文章は、クライエントの学力や言語能力、書字運動と関連**します。クライエントが書いた文字と、直接話したときとの印象が異なることもあり、その場合には、なぜ異なるのかを想像し、仮説を立てておく必要があります。

また、問診票は年齢や職業、住んでいる場所など、クライエントの基本的な情報を知ることができます。**精神疾患の中には特定の年代で発症しやすい病気**もあるため、年齢からその可能性を想像することができます。また、各年代におけるライフステージを達成しているのか、どのような危機を生じやすいのかといったことも想像することができます。**職業からは、学歴や生活水準、職業生活で抱えやすいストレスや必要なスキルなどを想像する**ことができます。

さらに問診票や初回インテーク情報から、生活状況や家族関係なども簡単に知ることができます。一人暮らしかどうかや、家族構成、日中の生活スタイル、家計の担い手などの情報を把握できます。これにより、その人の**生活力や社会適応度を推測する**ことができます。

他にも障害者手帳を取得しているのか（取得していれば何級か）、障害年金を受給しているのか（受給していれば何級か）、ホームヘルパーなどの介護サービスの利用状況を知ることによって、**病態の重さを想像する**こともできるでしょう。

また初回や経過中に簡易な質問紙などの心理検査を実施していれば、その結果や検査時の様子についても確認します。実施から日があいていなければ、クライエントの今の状態を表す有用な情報の一つになりますが、直近に実施されていなければ、実施時点と様子が変わっていないかを検査中に確認します。

もしクライエントが訪問看護を受けている場合、カルテと一緒に訪問看護記録書というものが入っています。この記録を通じて、訪問看護の利用目的や訪問看護師とのやりとりを把握することができます。通常、訪問看護は週に１～３回の頻度で、看護師が自宅に訪問し看護を行うため、診察からの情報よりもクライエントの日常生活の様子が把握しやすいです。また、クライエントが入院やデイケアなどのサービスを利用していれば、病棟の看護師やデイケアのスタッフなど、クライエントと接する関係者から情報も収集することができます。

クライエントによっては、医師に見せる顔と他の職種に見せる顔とが異なることがあります。そのため、病棟看護師からは、他の患者とのやりとりや食事、就寝の様子など生活状況について聞き、デイケアスタッフからは、どのようなプログラムに関心を示すのか、他の利用者とどのようなやりとりをしているのかなど、リハビリや集団活動での様子を聞きます。このように、**さまざまな視点（角度）からクライエントの様子を見ることで、多面的に知る**ことができます。

カウンセリングがすでに実施されている場合には、カウンセリング担当の心理職に心理アセスメントの内容を確認しましょう。心理検査では客観的なデータが重要となるため、通常はカウンセリングを実施している心理職と異なる心理職が検査を担当します。日頃関係がある心理職が担当すると、客観的なデータを収集することが難しくなるためです。

ちなみに第１章に書いた検査の標準化の手続きの際には、関係性のない研究者と被験者によって調査が行われます。つまり、関係性のない者同士の間で実施・算出されるデータに基づいてスコアリングや解釈が行われるのです。普段、カウンセリングを

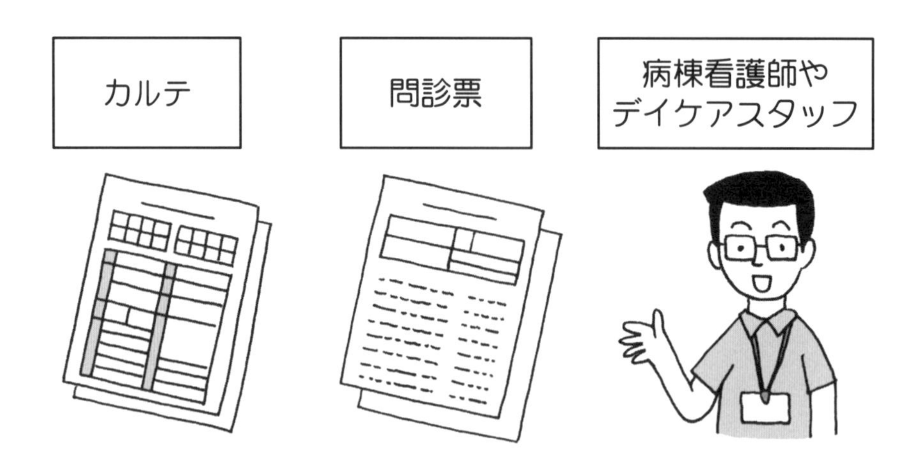

行い、関係性をある程度築いている者同士による検査結果とは質が異なってしまいます。また、検査者も客観的に評価しにくくなります。クライエントも、初対面の心理職かどうかによって緊張度合いが異なり表出されるものが異なります。また採点をする際に、関係性があると無意識的によい方に評価してしまう傾向があるといわれています。

特に、こうしたケースは教育現場や福祉現場で見られます。教育現場では、スクールカウンセラーや教員が心理検査を行う場合がありますが、あまり望ましい状況ではありません。知能検査など、子どもが「評価されている」と感じやすい検査を、学校で関わりのある人が実施すると、子どもにとって自由に振る舞いにくくなり、元々の関係性に影響を与えてしまう可能性があります。

一方、クライエントとの関係性の中で心理療法の技法の一環として心理検査を用いる心理職もいます。例えば描画法などの検査は二者関係の影響が強く現れるため、カウンセリングの中で実施して、２人の間で何が起こっているのかを確認したり、クライエントの心の状態を二者で見つめるために使われます。ただし、この手法は心理検査を用いたカウンセリング技法に熟練する必要があり、適切な訓練を受けることが必要です。

見立てはクライエントに会う前から行う

このように、問診票、カルテ、他職種からの情報、他機関からの情報など、事前情報を集めます。そして、**クライエントに会う前から、どのようなクライエントなのか、どの検査を実施すればどのような反応が出そうかを想像しておきます。**

もちろんその想像と結果がズレることもあります。その場合、「なぜズレたのか？」は重要な情報です。例えば、カルテなどの情報から「気難しそうな方」という印象を受けても、実際にお会いすると「物腰の柔らかい方」へと印象が変わることもあります。この場合、クライエントが初対面では社会的に振る舞うことができるということなのか、医師の前で見せる姿が他で見せる姿とは異なるのか、もっと他に考慮すべき要因があるのかなどと広げて考えることができます。こうすることで、クライエントと検査法のみでの関わりだけでなく、**面接法や観察法の情報と併せて見立てる**ことができます。

医療機関以外での情報収集

さて、教育機関や福祉現場、私設オフィスなど別の領域では、どのように情報を収集するのでしょうか。

教育現場は、学校内で検査を実施する場合と、教育センターのように学校外で実施する場合とがあります。

学校内で検査を実施する場合には、事前に授業中や友達と遊んでいるときの様子などを直接観察しに行きましょう。担任や養護教諭など、クライエントが関わっている複数の教員から日頃の様子を聞くことで、多くの情報を得ることができるでしょう。集めた情報は、学力や社会適応、対人関係、得意・不得意などから仮説を立てることに役立ちます。また、学校は保護者や家族、そして本人の入学からの成長過程についてもよく知っているはずです。その情報から、発達状況や環境要因をアセスメントすることができます。学校では、ケース記録やカルテのように日々の様子を記録しません。そのため、教員などへの聞き取りや直接クライエントを観察することが主な情報収集の方法となります。

一方、教育センターのように相談機関で検査を実施する場合には、保護者への事前の聞き取りが中心になります。機関によっては、検査前に学校でのクライエントの様子を観察しに行くことができたり、電話で問い合わせたりすることができる場合もあります。そうした仕組みを心理職が中心となって所属機関内に作っていくことも重要です。保護者から話を聞き取る際には、生い立ちや学校での様子、家庭での様子、家族関係などを確認するようにしましょう。特に「学校の先生からはどのようなお子さんだと言われますか？」など保護者以外からの視点でクライエント像を把握するための質問をすることが大切です。

福祉機関の場合には、利用施設が通所施設か入所施設かによって方法が大きく異なります。入所施設であれば、クライエントの生活の様子を直接観察することもできますし、生活指導員に様子を尋ねることもできます。通所施設の場合には、生活の様子はわかりにくいですが、日中の活動については多くを知ることができるでしょう。

福祉機関では、ケース記録や日誌が作成されていることが多いため、それらに目を通すこともできます。また、個別支援計画や自立支援計画など、所属機関の支援計画を確認することで、クライエントの目標やニーズ、強みや課題などを把握することができます。さらに、障害者相談支援事業所が作成したサービス等利用計画の内容や、ホームヘルパーや医療機関など他の機関の利用、障害者手帳や障害年金の取得状況などを確認することで、クライエントの障害の種別や障害の程度、生活の自立度などを予測できます。

私設オフィスの場合、来所の予約をメールや電話で行います。検査実施の当日に初めてお会いすることが多いため、他の機関のように事前に複数の情報を得ることができません。そのため、**当日の検査を実施する直前に、検査の目的や日頃の様子などクライエントの基本情報を聞き取る時間が必要**となります。問診票のような年齢や職業、家族構成などの基本情報を書き込む用紙を準備しておくと便利でしょう。ただし、事前のメールや電話のやりとりの時点で、聞いたことに適切に応じるなどの意思疎通や、敬語や挨拶の適切な使用といった社会性の有無をアセスメントできるでしょう。

先に書いたように、私設オフィスに来所するクライエントは、ある程度経済的に余裕のある方が多く、一定の社会適応を保っている傾向があります。ただし、病院の受診歴や精神症状の有無などは、事前に確認する、もしくは来所してはじめのうちに確認しておくことが望ましいです。

繰り返しになりますが、**心理検査の準備は、実施が決まったときから始まっています**。クライエントと出会う前に、可能な限り情報を集め、どのようなクライエント像かを想像し、たとえ実施する検査の種類が決まっていても、本当に実施可能か、どのような結果になるのかをイメージしておくことが大切です。

第2章まとめ

- 医師から実施を依頼された場合は、直接聞いたり、カルテを見たりするなどして、目的を必ず確認する。
- 医師へ実施を提案する場合は、なぜその検査を実施する必要があるのかを明確にし、コストパフォーマンスなどをかんがみて提案する。
- クライエントに関する情報は、カルテや問診票だけでなく、医師や受付、コメディカルなどさまざまな方面から収集する。
- 心理検査実施の準備は、クライエントに会う前から始まっている。

第3章 テスト・バッテリーのきほん

第２章までは、心理アセスメントや心理検査の基本的な知識や、クライエントと出会うまでにどのように準備ができるのかということについて述べてきました。いよいよこの章から、クライエントにどのように心理検査を実施していくのかを一緒に見ていきたいと思います。

1. テスト・バッテリーとは心理検査を組み合わせて実施すること

心理職が心理検査を実施する際は、どのような基準で検査を選んでいるでしょうか？

医療機関で医師から「障害年金の診断書を作成するために知能検査をしてほしい」というオーダーがあったとします。この場合、検査の目的は、「診断書に必要な知能指数（IQ）を算出するため」です。心理職は指示通り、ウェクスラー式知能検査や田中ビネー知能検査などの知能検査を実施することになります。

しかし、実際の現場ではそうしたシンプルなオーダーばかりではありません。「なぜ不安を訴え続けるのか知りたい」「発達障害なのかうつ病なのかを判別するための情報がほしい」というように、具体的にどの心理検査を実施すべきかが明確に指示されていないケースが多くあります。そうしたオーダーに応じるには、心理職は必要な心理検査を適切に選択し、組み合わせて実施することになります。この組み合わせのことを**テスト・バッテリー**と呼びます。つまり、テスト・バッテリーとは、**クライエントについて多面的、重層的に情報を把握し、全体的な理解をするために、必要な心理検査を組み合わせて実施すること**なのです。

ただ、こうした説明だけではピンとこないかもしれません。また「たくさん検査を実施すれば多くの情報が得られるのだから、組み合わせなんて深く考える必要があるの？」と思われるかもしれません。

心理検査を組み合わせて実施する理由については、内科医による検査を例に考えるとわかりやすいかもしれません。原因不明の腹痛を訴える患者が総合病院を受診し、ある内科医が診察したとします。内科医が患者の話を聞くと、「お腹の下側が痛い」とのことでした。

この場合、医師はまず、さらなる調査が必要かどうかを判断します。触診だけではなく、腹部の超音波検査や大腸の内視鏡検査が必要かもしれません。ただし、胸部に原因がある可能性は低いため、胸部のレントゲン検査は行わないでしょう。医師はある特定の仮説に基づき、その仮説を検証するために必要な検査を選択して実施していきます。

このように必要なデータを多角的に収集していきますが、データだけをもとに診断することはありません。超音波検査や内視鏡検査のデータを測定し、それらの情報を総合的に考慮して、各器官の状態や相互関係を検討することで、より正確な診断が可能になります。

また、検査を多く実施すれば、時間も費用もかかることもあるでしょう。そのため、知りたい情報に焦点を当て、必要最低限の検査で済むのか、それとも時間や費用をかけて精密検査をする必要があるのかについても考える必要があります。

このように、クライエントに不要な負担をかけることなく、必要なデータを収集し、総合的にクライエントの状態を把握するために、目的や仮説に応じて適切な複数の心理検査を選び出し組み合わせるテスト・バッテリーがとても重要です。

まず目的を明確にする

テスト・バッテリーを組む際は、**クライエントのどの側面を知りたいのかという検査の目的を明確にします**。第2章でも述べたように、目的を明確にしないまま実施してしまうと、不要な検査を実施してしまったり、一通り検査を終えた後に本当に必要な検査が抜けていることに気づくかもしれません。さらに、各検査の結果を総合的に理解しにくくなったり、得られた理解をクライエントの支援にどのようにつなげるかが分からなくなったりします。

医師からオーダーされる場合、検査の組み合わせがすでに決まっていることが多いです。それは、医師の方針やその医療機関を訪れる患者の層（年齢や疾患の種類）によって、伝統的に「そうすることになっている」ためです。もちろん、クライエントにとって適切な検査が実施されていれば望ましいのですが、これまで述べてきたように、「決まっているテスト・バッテリー」だけで本当に必要な情報が得られるのか、他に必要な心理検査はないのかを十分に吟味する必要があるでしょう。もし他の検査が必要だと思われる場合は、**心理職としての専門的な意見をもって、医師に提案する姿勢も必要**です。

ただクライエントによっては「仕事が忙しく、限られた時間で検査を受ける必要がある」という場合もありますし、「発達障害に加えて二次的な情緒障害についても検査をした方がいいと思われるが、他の患者の検査オーダーが複数あるため、実施月を確保できない」という場合もあります。

このように、実際にはさまざまな事情があるため、理想的なテスト・バッテリーを実現できないことがあります。ですので、所属している医療機関で求められる心理検査の種類や量と、そこを訪れるクライエントにとってより役に立つテスト・バッテリーの案とが、どこで折り合うのかを考えましょう。また、実際に必要なテスト・バッテリーを組むためには、現実的な調整も必要です。医療機関以外の場合には、来所するクライエントの主訴に合わせて一からテスト・バッテリーを組むことになります。

私設オフィスの場合には、心理検査の数が増えるほど費用も高くなるので、クライエントが理解したい内容を共有した上で、どの程度の期間や費用をかけることができるのか、体力的、精神的な負担はないのかを確認しながら、検査を決めていきます。

2. 検査目的に合わせた組み方

軸になる検査と補助となる検査

では、テスト・バッテリーを組むにあたっての基本的な考え方をお伝えします。

まず軸となる検査は何かを考えます。例えば「うつ病で休職中の患者が復職するにあたって、どの程度復職できるかを知りたい」というケースについて考えてみましょう。このケースでは、次の2点を把握する必要があります。「認知機能や作業能力が回復しているか」と「勤務する会社での業務をこなせる精神状態かどうか」です。

そうなると、軸となる検査として、認知機能を把握するウェクスラー式知能検査のような知能検査や、作業能力や集中力を把握する内田クレペリン検査、うつ状態について意識的にどう感じているのかを知るためのSDSの組み合わせが考えられます。また、本人が「対人関係に不安」を感じている場合は、対人葛藤場面での対処力を把握するためのP-Fスタディや直観的に活動エネルギーの状態や現在の自己像を見るためのバウムテストなどを補助的に組み込むこともあります。精神病圏であるかどうかといった病態水準や予後を判断する際には、ロールシャッハ・テストのような内界を探索する投影法が役に立ちます。

以上のように、**まずは軸となる重要な検査を選び、次に実施可能な補助的な検査を組み合わせる**ことで、より多角的な情報を得ることができます。

多くの情報を得るために多くの検査を組み合わせることもできますが、クライエントの負担を考えれば、実施する検査は限られます。例えば「障害年金の診断書を作成するために知能検査をしてほしい」という明確な目的があり、一つの検査で十分である場合には、テスト・バッテリーを検討する必要はありません。軸となる検査も補助となる検査も目的に沿って選ぶのが原則です。

特定の精神症状の影響やその程度を数量的に把握する必要があれば、適切な質問紙を軸となる検査として組み込みます。例えば、うつ状態を評価するSDSやHAM-D、外傷的な出来事の影響を知るための IES-R 改訂出来事インパクト尺度など、症状に応じて質問紙は多岐にわたるので、その中から適切なものを選びます。

また、各検査を実施する時期には注意が必要です。過去に同一の検査を実施している場合には、最低でも一年以上期間を空けて実施しなければならない検査（例：ウェクスラー式知能検査）があります。逆に、CES-D や SDS のようなうつ病自己評価尺度では、症状の改善に伴い数値は変動する可能性があるので、現在の精神状態を把握するために短い間隔でも実施可能です。他にもパーソナリティ検査の場合には、薬物療法による治療や心理療法や心理教育などの支援による効果を測定するために、一定の期間を経て客観的指標の一つとして質問紙や投影法などを実施することがあります。

実施目的や各検査の性質を考慮して、軸となる検査と補助的な検査を決定しましょう。

年代における特徴に合った検査

上記のように検査を選出する際には、クライエントの年代に応じた特徴もおさえておく必要があります。

幼児期や児童期のクライエントであれば、事前情報から年齢相応の知的、情緒的な発達の程度を把握することになります。例えば、年齢相応の知的発達をしていて「認知能力の偏りを把握したい」という目的であれば、ウェクスラー式知能検査のように構造化された知能検査を実施できます。事前の情報から同年齢集団よりも知的能力が低いと予想される場合には、対象年齢だけでなく、より幅広い検査項目を流動的に実施できる田中ビネー検査や新版K式発達検査が望ましいでしょう。そして、対象児への検査だけではなく、保護者からの情報収集によって、対象児の日常生活での様子を評価できる心理検査の導入を検討する場合もあるでしょう。

成人期や中年期のクライエントの場合には、本人の検査を受ける目的に沿うことも必要です。ただし、質問紙検査を使う場合には、事前にクライエントの検査に臨む姿勢や自己イメージを把握しておく必要があります。「自分をよく見せよう」という意識的な構えが強かったり、無意識に自分の内面を隠そうとする態度があると、質問紙検査の結果が歪（ゆが）んでしまう可能性があります。特に本人の意図ではなく、家族や会社に勧められて検査を受ける場合には「自分に不利益な結果が出てほしくない」という思いが強くなるでしょう。検査を実施する前に「検査が今の困りごとや症状の改善に向けた一助となるものであり、結果が役立つものとなるために協力してほしい」と説明し、コンセンサス（合意）を得ることが重要です。

また、クライエントが自身の状態についてどれだけ詳しく知りたいのか、あるいは、検査者が把握する必要があるのかによって選択する検査も変わります。例えば TEG

のように項目数が少なく簡易でありながらも結果のグラフを見やすいものにするのか、あるいはY-G性格検査やMMPIのように多くの項目数によってパーソナリティ特徴や内的に困っていることを細やかに把握できるものにするのか、さらには、前意識や無意識の領域を探索できるような投影法の導入を考えることもあるでしょう。

老年期のクライエントの場合には、うつ症状や不安などの精神症状の訴えでも、加齢に伴う認知機能の低下や認知症の可能性も考慮します。年齢に応じた知的能力を確認し、HDS-Rのような認知症のスクリーニングや神経心理学的検査を検討する必要があります。

構造化の強い検査と構造化の弱い検査

必要となる検査を選んだ後に、各検査のもつ構造化の程度を確認します。ウェクスラー式知能検査のような構造化が強く、侵襲性の弱い検査に対して、構造化が弱く、侵襲性の高いバウムテストやロールシャッハ・テストを組み合わせる場合には、クライエントが日常生活の中で異なる場面においてどのように反応するのかを知ることができます。

ウェクスラー式知能検査では落ち着いて取り組むことができていたとしても、バウムテストでは「どう描けばよいのか分からない……」と絵を描き始めるまでに時間がかかることがあります。そうした反応があれば、「生活状況においても決まった場所や時間などのルーチンがあると力を発揮できるが、自分で物事を判断し進めなければならない場面では力を発揮できない」というように、観察された検査態度から仮説を立てることができます。

逆に、バウムテストでは生き生きと豊かな絵を描いたにもかかわらず、ウェクスラー式知能検査では緊張や不安が高く、落ち着かない様子で集中力が続かなくなることがあります。このような場面からは「自分が自由に振る舞える状況では生き生きと活動できる一方で、決められた場所や時間に身を置いて、求められることに合わせて行動するのが難しいかもしれない」というように、要因を推測することができます。

またパーソナリティ検査では、質問紙を使うことで、クライエントが意識している自身の特徴や対人関係がそこに反映されやすくなります。一方で、投影法では、自分が普段意識しにくい自己像や内面の状態が結果に表れます。そのため、意識水準の内容と前意識あるいは無意識水準の内容の両面を測ることによって、クライエントのパーソナリティの傾向や葛藤状況を知ることができます。

例えば、YG性格検査やMMPIのような質問紙検査と、ロールシャッハ・テストのような投影法とを組み合わせた場合を考えてみましょう。質問紙の結果、「生活の中でほとんど困ることはない」となり、ロールシャッハ・テストの結果では「強い内的混乱と苦痛の状態がある」という結果になりました。こうした場合には、「普段は落ち着いて現実的に物事を考えたり、感情をコントロールできるが、対人葛藤や感情を揺り動かされるような状況では気持ちをすぐに立て直すまでにひどく時間がかかったり、甘えた態度や攻撃的な態度のようにいつもとは異なる姿を見せたりするなどの混乱が生じる可能性がある」という仮説を立てることができます。

また、質問紙と投影法の結果で、どちらにも混乱や苦痛が示される場合には、日常生活のあらゆる場面で困難が生じていると推測できます。さらに、SCT のように意識している自己像や対人関係を文章で表現する検査を組み合わせることで、クライエントの意識している内容や無意識の水準での不安や混乱をコントロールする方法をより詳しく把握できます。また、ウェクスラー式知能検査の結果からは分からない、文字を書く力や文を構成する力も把握できるでしょう。

実施する順番について

このように検査内容を決めた後に、検査の実施順を決めます。一般的には、**構造化の強い検査から始め、構造化の弱い検査を後に実施します**。

構造化の弱い検査はクライエントの内面を刺激し、不安を喚起しやすい性質があります。初めて検査に臨むクライエントの侵襲される感覚を弱め、安心感や信頼感を築きやすいようにするためには、構造化の強い検査から始めることが望ましいでしょう。

最初に実施する心理検査の結果は、後の検査にも影響することも忘れてはなりません。ウェクスラー式知能検査のような知能検査をはじめに受け、「心理検査では自分の知識や学力を見られるんだ」という思いを強めてしまうクライエントをよく見かけます。そのため、のちにバウムテストや P-F スタディのようなパーソナリティ検査を実施する際に、「できない、悪い自分を見せないようにしよう」とより望ましい姿を見せたくなるかもしれません。

ただ、どれほど入念に実施順を考えても、予想に反したクライエントの反応が見られることもあります。なかには「うまく課題に答えられなかった」とひどく落ち込んでしまったり、「こんな検査だと思っていなかった」と怒り出すクライエントもいます。逆に、内心動揺していても、一切それを見せようとしない人もいます。

そのため、検査終了後に、クライエントが検査室や検査状況に対してどのように感じたのかを尋ね、クライエントの体験を少しでも共有し整理することが、クライエントとの信頼関係を維持するために重要です。

第3章まとめ

- テスト・バッテリーとは、複数の心理検査を選び出し、組み合わせること。
- テスト・バッテリーを組む際は、目的に沿った軸となる検査、補助となる検査を決め、クライエントの年代における特徴や、各検査の構造化の程度を確認し実施順序を考える。
- クライエント側が検査結果をよくしようと意識した回答をすることがある。バッテリーを組む際は、そうした意識的な構えにも留意する。

第2部

事例編

第4章
テスト・バッテリーを組むまでの思考プロセス

第5章
心理検査実施時の思考プロセス

第6章
解釈から所見を完成させるまでの思考プロセス

第4章 テスト・バッテリーを組むまでの思考プロセス

さて、第2部からは、これまで書いてきたことを具体的な事例を示しながら説明していきます。心理職が検査において何を考えながら進めているのかを再現します。「〇〇だったら△△といえる」といった一対一の対応で理解するのではなく、複数の情報から推察し、アセスメント（見立て）を構築していくプロセスをご覧ください。

みなさんも、読み進めながら、自分だったらどのように思考するか、自分の職場だったらどうなりそうかなどを考えてみてください。

では、ここでみなさんの案内役として登場する心理職をご紹介します。名前は、「猫川さん」といいます。

猫川さんは30代半ばで、心理職として10年以上のキャリアを積んできました。猫川さんが勤務しているのは、とある駅前にある精神科クリニック。ここで週２日、火曜日と金曜日に非常勤として雇われています。クリニックのスタッフは猫川さん含めて３人で、院長と受付スタッフがいます。

1. 情報を収集する

２月７日　９：00出勤

週間予定表

	（2/6）月	（2/7）火	（2/8）水	（2/9）木	（2/10）金	（2/11）土	（2/12）日
7:00							
8:00							
9:00		鈴木CO			伊藤CO		
10:00		佐藤CO			渡辺CO		
11:00		インテーク			山本CO		
12:00		高橋CO			インテーク		
13:00							
14:00							
15:00		田中CO			岩崎検査		
16:00		インテーク					
17:00							
18:00							
19:00							
20:00							
21:00							
22:00							
23:00							

コメント
猫川先生、岩崎さんの検査（WAIS-IV、TEG3）お願いします。（院長）

パソコンを立ち上げ、予約状況を確認した。

ここがポイント！

- 心理検査を実施する場合、クライエントに出会う前に、できる限りクライエントの情報を収集する必要がある。１日の業務を確認し、どこでどういった情報収集ができそうかを考える。

猫川さんの思考プロセス

今日は、50分のカウンセリングが４件とインテーク面接が２件予定されている。次の出勤日に、心理検査の予約が入ってる。名前は岩崎さん。見覚えのある名前だな。業務の合間の時間でカルテを確認しよう。もし時間がなかったら院長にお願いをして残業するか、金曜日の検査直前に確認するしかないか。

11時20分　２件のカウンセリングが終了。次の予約は11時30分から。

猫川　「10分くらいで岩崎さんの情報を確認しよう」

カルテを開く。

猫川さん　「33歳男性。働き盛りの年齢だな。当院には半年前に初診か。やっぱり以前から通っていた方だ。**どうしてこのタイミングで心理検査のオーダーが出たんだろう？**」

ここがポイント！

- 年齢や性別によって発達課題は異なる。発達課題の達成度合いを確認することはクライエントをアセスメントするうえでも大切。
- 心理検査を実施するタイミングは、心理検査の目的につながることが多い。

過去の予約歴を確認する。

予約日	時間帯	状況
2023/1/27（金）	19：30	来院
2023/1/13（金）	19：30	来院
2022/12/23（金）	19：20	来院
2022/12/9（金）	19：20	来院

猫川さんの思考プロセス

いつも19時台に来院しているみたいだ。仕事終わりで来ているんだろうな。自分の勤務は18時までだから、顔を見たことはないな。検査の予約が15時からになってるけど、仕事を休んで来ているのかな？　最近の受診は２週間に１回になっている。**来院頻度が高いのはどうしてだろう？**　それほど来院が必要な症状だったのか、それとも本人が希望しているのかな？　キャンセルはないようだ。

ここがポイント！

- 来院時間によって、クライエントの生活状況を推測することがある。
- クライエントの様子を推察し、推測に不十分な情報に注意を向け、その情報を得る方法を考える。

電子カルテをさかのぼって、必要な情報をメモする。

猫川さんによるメモ

- 夜に目が覚めるようになった→仕事中のだるさと気持ちの落ち込みを理由に精神科受診
- 診断は抑うつ状態
- 処方は眠剤と抗うつ薬（少量）

猫川さんの思考プロセス

夜中に目が覚めるという訴えに対して眠剤、気持ちの落ち込みや抑うつ状態の症状には抗うつ薬を処方している。**訴えている症状への診断と処方は一致しているようだ。**眠剤も抗うつ薬も少量の処方で、初診のときから量は増えていない。うつ病と診断されるほどの落ち込みや症状ではない。抑うつ状態って、はっきり他の疾患の診断がつけられない時につけやすい診断だから、**希死念慮もなさそうだし、重篤な精神症状が潜んでいる可能性もなさそうだ。**

ここがポイント！

- 診断名、薬の処方から、医師の見立てを推測する。
- クライエントの訴える症状と医師の診断、処方が一致しているかどうかを考え、医師がクライエントの現実検討力や自己理解力などをどのように見立てているかを推測する。

猫川さんによるメモ

・現在も夜中に目が覚める
・トータル睡眠時間は6時間程度

猫川さんの思考プロセス

夜中に目が覚めることは毎回訴えている。しかし、6時間眠れているし、院長もそこまで気にしなくてもいいと説明している。薬の処方に不満があるわけでもなさそうだ。**気分の落ち込みはどうなっているんだろう？**　その後、カルテに記載されなくなっているのは**語られなくなったのだろうけど、どうしてだろう？**

ここがポイント！

- クライエントが訴える症状の重篤さを推測することで、どのような心理検査が実施可能かを考える。
- 症状の経過を把握するのは、病理の理解に役立つ。

猫川さんによるメモ

・一人暮らし
・会社員、営業マン
・勤続10年

猫川さんの思考プロセス

結婚はしていないようだ。大学を卒業して新卒で入社していれば転職はしていないことになる。営業職だから人に接する機会は多そう。営業職の仕事を選んでいるということは、対人関係が苦手ではないのかな。でも営業職でも対人関係がしんどくなって来院する方もいる。**岩崎さんの対人関係は問題ないんだろうか？**　一人暮らしだから経済力や生活力はあるのかな？

ここがポイント！

- 学歴、職業、生活状況から、知的能力や社会生活への適応能力、生活力などを推測する。
- 結婚の有無や職業、友人や恋人関係、一人暮らしかどうかによって、人と関わる頻度や欲求などを推測する。

診療記録（2022年12月９日 19時20分～）

・中途覚醒、１日２、３回程度。５分程度で再入眠。熟眠感弱い。
・毎日残業、１日１時間程度、土日は休み。
・仕事量が多く、上司からの指令は絶対。逆らえない。
・先日も上司から突然仕事を頼まれ、元々無理な期日を指定された。その期日では難しいことも伝えてみたが、クライエントの仕事のやり方が悪いからだと怒られただけだった。今日が期日だったが終わらず怒られた。
・月曜日にもその仕事の続きをしなければならない。
・同僚はそうした状況を見て見ぬふりをする。みんな自分がよければいいと思っている。助け合う気がない。
・クライエントが残業していても気にせず帰る。そもそも人が足りていない。今の営業の人数でこなせる仕事量ではない。
・「業務改善」や「残業禁止」と言うが、何もしてくれない。

猫川さんの思考プロセス

会社への不満ばかり……。他のクライエントよりもカルテの記載量が多いから、診察にも結構時間がかかっていそう。上司、同僚、仕事量のすべてに不満を感じているようだし、それはつらいだろう。ただ残業時間が月20時間を超えていないから、過労死ラインである45時間は全然超えていない。不満を感じやすい人なのかな？

でも、これだけ会社に不満を言ってるのに、10年も続けられているのはすごい。一人暮らしもしているし、社会適応は良さそう。ずっと営業職なのか？　同じ会社なのに、**どうして10年目の今になって症状が出現したんだろう？　仕事内容や生活に変化があったのかな？**

ここがポイント！

- 症状以外の訴えから、クライエントがしんどくなりやすい環境、状況、考え方について推測する。
- 勤続年数や一人暮らしの経験から、社会適応力や生活力を想像する。
- 仕事内容や生活における「変化」が精神活動に影響を与える可能性は大きいため、変化の有無や時期、内容について確認する必要がある。

猫川さんによるメモ

・３カ月前に院長から休職を提案→収入が下がるのが嫌だからと断られる。

猫川さんの思考プロセス

　院長が休職の提案をしているが、そこまで心身の状態が悪かったのだろうか？　でも気分の落ち込みについては書かれていない。そして岩崎さんはその提案を断っている。休職したら傷病手当金になって、収入が減ってしまうから抵抗があるのかな。今の会社を辞めるつもりはなさそう。貯金がないのかも？　ああ、わからないことだらけだ。そろそろ次のインテーク面接の準備をしないといけないから、続きは後で確認しよう。

　業務の合間で情報収集できる範囲は限られている。猫川さんはインテークの準備があるため、岩崎さんの情報を確認するのを止める。

ここがポイント！

- クライエントが現実の状況や将来を見据（す）えて行動できているかどうかを検討することは、現実検討力を見立てるのに役立つ。

2. 受付スタッフに様子を聴く

13時30分　インテーク面接１件、カウンセリング１件終了。

　午前中の院長の診察予約はいっぱいで、待合室にもまだ人が多くいる。猫川さんは、院長の手が空くまでに時間がかかると判断し、他に情報収集できることはないかと考えた末、受付スタッフに話を聴こうと考えた。猫川さんは、心理室を出て、受付スタッフに話しかけ、岩崎さんの問診票の準備をお願いする。

猫川さんは心理室に戻り、昼休憩をとる。

14時30分　お昼休み終了。

パソコンを開く。午前中のカウンセリングの記録をまとめ、再び岩崎さんのカルテを開く。

診療記録（2022年12月23日　19時20分～）

・睡眠状態、仕事量前回と変わらず。
・また上司から無理な仕事を頼まれた。どれだけ無理だということを説明しても聞き入れてもらえない。
・上司は高圧的で一方的。誰も逆らえない。
・仕事のやり方も、上司の思うやり方でないと怒る。
・同僚はイエスマン。無理だということも言わない。だからクライエントだけが文句を言っているように思われる。クライエントが正当なことを言っていても、上司の味方をして「そんなもんでしょ」と言われる。
・順調に仕事を進められていると思っていても、上司から突然頼まれる仕事のせいで予定が崩される。仕事がうまくいったときのも褒めてもらえない。
・上司のせいで、夜眠れないし、こうして病院に通わなくてはいけない。
・〈転職をしてはどうか、聞くと……〉転職をする気力もない。毎日の仕事で精いっぱい。上司が異動になれば、楽になれる。

猫川さんの思考プロセス

上司への不満の主な内容は、急に仕事を振られること、その仕事が無理な期日に設定されているのにもかかわらず守れなかったら怒られること、順調に仕事が進められても褒めてもらえないこと。同僚に対しては、岩崎さんが残業をしても助けずに帰ったり、岩崎さんの不満に同意してもらえないことが不満か。

営業職だから社交的なイメージをもっていたのだけど、**友人との付き合いはないのだろうか。**上司への不満はわかるけど、同僚への不満はいいがかりのような気がする。**読んでいるだけでイライラしてくる……。**院長はよく聞いてるな。

これだけ会社の不満ばかり聞いてたら転職も勧めたくなる。でも**岩崎さんは転職するつもりはなさそうだ。**転職しない理由も会社のせいだといわんばかり。上司とのそりは本当に合わなそうだ。

ここがポイント！

●クライエントの訴えが実際の状況と比べてどの程度妥当かを検証することは、現実検討の見立てに役立つ。

●クライエントが訴える不満やしんどさは、どこからきているのかを考えることはクライエントの病理やパーソナリティを理解をするうえで必要。
●職場や友人関係の情報から対人パターンを推測する。
●検査者がクライエントに抱く感情（逆転移）は、クライエントから向けられている感情やクライエントの対人関係のパターンに影響を受けている可能性を考慮する。

15時00分　心理室のドアがノックされる。

受付　「岩崎さんの問診票です」
猫川　「ありがとうございます。岩崎さんはどのような印象ですか？」
受付　「丁寧な方ですよ。しっかり挨拶もしてくださるし」

猫川さんの思考プロセス

受付スタッフの印象からは、やはり社会性は高そうだ。でも、クリニックへの不満はないのかな。

ここがポイント！

●実際の対人場面での情報は、クライエントの社会適応力を見立てるうえで重要。医師や受付スタッフなどによって態度が変わるのかどうかも、クライエントのパーソナリティの理解に役立つ。

3. 問診票から情報を収集する

問診票

2022 年 8 月 5 日

ふりがな	いわさき まなぶ	職業	会社員
氏名	岩崎学	生年月日	1989年 9月 1日
住所	東京都千代田区神田駿河台3-6-1		
いつから、どのような症状がありますか？	1か月前から夜中に何度も目が覚める。おちこむことがよくある。		
家族構成	父親、母親、弟		

以下の質問にお答えください。

質問			
家族に連絡をしてもいいですか？	はい	いいえ	
仕事は順調ですか？	はい	いいえ	
今まで心療内科にかかったことはありますか？	はい	いいえ	
相談相手はいますか？	はい	いいえ	
一日の中でイライラすることはどのくらいありますか？	多い	ときどき	少ない
一日の中で悲しくなることはどのくらいありますか？	多い	ときどき	少ない
集中力が続かないことはどのくらいありますか？	多い	ときどき	少ない
睡眠は安定していますか？	はい	いいえ	少ない
食事はとれていますか？	はい	いいえ	

猫川さんの思考プロセス

走り書きのような感じだけど、読めない字ではない。字の大きさも一定だし、枠をはみ出たりもしていない。丁寧さや慎重さはあまり見られないけど、適当すぎることもない。**問診票を見る限り、神経心理学的な心配はないし、能力的にそんなに低いとも思えない。**家はクリニックの近くか。

問診票に書いている症状とカルテに書いてあることは一致しているし、これまでの情報に矛盾はない。嘘を言ったり、大げさに言ったりはしていないようだ。症状が出てから１ヶ月で来院している。当院の初診は予約制だし、初診の予約がとれるまでにだいたい２、３週間かかるから、症状が出てすぐに受診を決めたのだろう。精神科に抵抗があると、初診までに時間がかかる人もいるのだけど、岩崎さんは特に抵抗はなかったのかな？

家族に「連絡をしないでほしい」とわざわざ書いている。両親に頼るよりもクリニックに来る方がいいと思ったということだ。**両親との関係はどうなんだろう？**

ここがポイント！

- 問診票は書かれた情報だけでなく、文字の筆跡なども確認する。文字を書く心理検査は少ないため、問診票は大事な情報源になる。
- クライエントが書いた文字や文章は、知的能力、学習力、神経心理学的課題を推測する。
- クライエントの言動に一貫性があるか検討することで、現実検討力、クライエントの言動への信頼性、社会性などを推測する。
- 症状が出てから来院までの期間や来院動機、来院頻度などの情報からは、予後を予測したり、治療へのモチベーションを推測する。
- 家族関係の情報から、家族が治療における資源となるかどうかや対人関係のパターンを推測する。

SDS（自己評価式抑うつ性尺度）

	設問	得点
1	気が沈んで、憂うつだ。	4
2	朝方はいちばん気分がよい。	2
3	泣いたり、泣きたくなる。	1
4	夜よく眠れない。	4
5	食欲はふつうだ。	3
6	まだ性欲がある。	3

7	やせてきたことに気がつく。	1
8	便秘している。	1
9	ふだんよりも動悸がする。	1
10	何となく疲れる。	3
11	気持はいつもさっぱりしている。	3
12	いつもかわりなく仕事をやれる。	3
13	落ち着かず、じっとしていられない。	1
14	将来に希望がある。	2
15	いつもよりいらいらする。	4
16	たやすく決断できる。	2
17	役にたつ、働ける人間だと思う。	2
18	生活はかなり充実している。	3
19	自分が死んだほうが他の者は楽にくらせると思う。	1
20	日頃していることに満足している。	4
	計	48

猫川さんの思考プロセス

気分の落ち込みと睡眠についての訴えがあったため、初診時にSDSをとっている。回答結果も、本人の訴えと一致している。抑うつ症状はあるけど、48点は高得点ではない。因子で見ていくと、特に、憂うつ気分「1.」と睡眠「4.」と焦燥「15.」と不満足「20.」は点数が高い。自殺念慮や体重減少、啼泣（ていきゅう）はないし、便秘や心悸亢進（しんきこうしん）などの身体症状も感じてなさそうだ。

やはり嘘はついておらず、誠実に答えているようだ。そうなると、会社に対する不満も大げさに言っているわけではなさそう。**焦燥と不満足の得点が高いから、初診時からイライラしたり、不満を感じたりはしていたんだな。**でも、最初はそれらをあまり困りごととして訴えなかったみたい。身体症状はないし、やはり重篤な精神症状はなさそう。うつ病ではなく、抑うつ状態という診断も納得だな。

ここがポイント！

- 質問紙法は、クライエントが意識的に回答を操作する可能性があるため、診察等での言動と一致しているかを見ることで、検査結果の信頼性やクライエントの心理検査への姿勢を推測することができる。
- 数値だけでなく因子を見ていくことで詳細に分析できる。
- 検査の結果とこれまでの情報を組み合わせ、事前に立てていた仮説と違いがないかを確認する。

15時10分

カウンセリングまでの時間を活用して、再度、カルテから必要な情報をメモする。

猫川さんによるメモ

・実家は遠方
・必要時に電話、年に1、2回帰省している
・連絡をしてほしくない、心配をかけたくない

猫川さんの思考プロセス

家族と関係が悪いわけではなさそう。ただしんどいときに頼りにしているわけでもないんだな。

ここがポイント！

●家族関係の情報から、家族が治療における資源となるかどうかや対人関係のパターンを推測する。

4. 院長に様子を聴く

15時15分　猫川さんは、院長がいる診察室をノックし、中に入る。

院長　「どうぞ」

猫川　「金曜日に検査の予約が入っている岩崎さんのことでお伺いしたいのですが、よろしいでしょうか？」

院長　「いいよ。岩崎さん、どう対応していったらいいか悩んでいるんだよ」

猫川　「だいぶ診察時間も長いようですね」

院長　「そうなんだ。とにかく話が長くて。ずっと会社の文句を言ってるんだけど、転職も休職もしたくないみたいで。今後どうしたらいいかと思っているよ」

猫川さんの思考プロセス

やっぱり院長は対応に困っているようだ。**話が長いのは、話したいことが多いからなのか、話をまとめることが苦手なのか。**たくさん話しても、解決に向かう相談はできて

いないようだ。

ここがポイント！

●実際の対人場面での情報を得ることで、クライエントのコミュニケーション力や言語能力、対人関係などを見立てる。

猫川 「そうなんですね。院長としては、岩崎さんの現在の状態の把握と、今後の治療方針について知りたいという感じでしょうか？」

院長 「そうそう。10年は勤務できているわけだからある程度仕事はできてるんだと思うんだ。カウンセリングを提案してもいいかなぁとも思うけど、文句を言うだけだったら意味ないかなぁとも感じている」

猫川 「では、カウンセリングが適応かどうかも見ますね」

猫川さんの思考プロセス

問診票やカルテを見る限り、**言葉でのやりとりには問題なさそうだし、意思疎通も問題なさそう**だけど、周りへの不満が多い人は、他責傾向が高い可能性がある。

勤続10年は院長も評価している。仕事への不適応が大きいわけではないようだ。

ここがポイント！

●カウンセリングが治療に役立つかどうかを判断するためには、クライエントの内省力や言葉でのやりとりがどの程度できる人なのか、他者からの介入を役立てられる人なのかをチェックする。

●内省力は、自分自身について見つめ直す力であり、「他者や環境が悪い」という思考が強いと、内省が難しい場合がある。

●「パワハラを受けている、過重労働である」など、過酷な環境に身を置いている場合には、内省よりも環境調整が優先される。まずは、クライエントの語りや客観的情報から環境を見立てる。

猫川 「初診時には気分の落ち込みを訴えていたようですが、今はどうでしょうか？」

院長 「今は気分の落ち込みはなさそうだね。それよりも、会社に対してずっとイライラしている感じかな」

猫川さんの思考プロセス

SDS の結果を見る限り、初診時もイライラがあったようだ。自分の気持ちに対する感じ方が少し変わったのか、十分に自分の気持ちをつかみきれていないのだろうか？

ここがポイント！

●症状の経過を把握するのは、病理の理解に役立つ。

院長「上司も高圧的な言い方をしたり、少し無茶な仕事の振り方をするみたいだから、文句を言ってる内容自体は、わからなくもない。ちょっと勝手なところはあるけどね。中途覚醒はあってもトータルの睡眠時間は十分だし、休日もしっかり休めているみたいだから、薬もこれ以上増やす必要はない。抗うつ薬もなくしていいかなと思ってる。ただ岩崎さん本人は薬を止めるのは不安みたいだからごく少量での処方を続けている。診察も 2 週間に 1 回は来たいって言っているんだ」

猫川「不安が大きいんですね……」

猫川さんの思考プロセス

岩崎さんが言ってる不満は、院長が聞いても、そんなに無茶苦茶な理屈ではなさそう。かといって、完全に正論というわけでもない。**他者視点をどの程度もつことができる人**なのだろう。院長としては、抗うつ薬も必要ないと思っているようだから、どちらかというと精神疾患よりもパーソナリティ傾向からしんどくなっていると思っているのかな。

岩崎さんは薬をなくすことに不安を感じているんだ。診察を 2 週間に 1 回というペースにしているのは、不安が大きいからかもしれない。症状が出てから受診までも早かったし。家族に頼ることはできないみたいだけど、**人に助けを求める気持ちは強い**のかもしれない。

ここがポイント！

●クライエントの訴えが現実状況と比べてどの程度妥当であるか、複数の立場からの視点によって判断する。

●診断名や薬の処方から、医師がクライエントをどのように見立てているかを推測する。

●来院頻度や動機から、クライエントの治療へのモチベーションを推測する。

猫川　「心理検査の予約枠は3時間とっていただいているみたいですね」

院長　「能力的な問題はないと思うけど、一応、今の仕事が岩崎さんに適性かどうかも見ておきたいから、WAIS-ⅣとTEG3を実施してもらおうかと思っている」

猫川さんの思考プロセス

WAIS-ⅣとTEG3の実施には、通常2時間半かかる。院長も知的な能力に問題はないと思っているみたいだから、3時間の予約を取っているのは実施に余裕をもたせるという理由ではないようだ。それでもWAIS-Ⅳをオーダーしているということは、**言語能力や認知能力、作業能力のバランスなどを総合的に評価するための時間を確保したいという意図があるのかもしれない。**

能力的に問題はなくても、仕事内容と得意・不得意のバランスが合っていなかったらしんどくなるだろう。でもそれであれば、対人関係についての検査もしておきたいな。

猫川　「TEG3ですか？」

院長　「そう、どんなパーソナリティ傾向かも気になるしね」

猫川さんの思考プロセス

やはり院長はパーソナリティ傾向が気になっているんだな。TEG3だと、確かにパーソナリティ傾向や対人関係のパターンもわかる部分もある。岩崎さんは自分で自分の気持ちに意識を向けたり、自分の気持ちを十分につかむことができていないかもしれないし、対人場面での問題解決のパターンも気になる。でも、TEG3だとそのあたりがわからない。

ここがポイント！

- 医療機関では、医師がどのような判断で心理検査をオーダーしたかを正しく知ることで、心理検査の目的を明らかにすることができる。
- 心理検査における医師の目的と、心理検査で明らかにできることが一致しているかどうかを検討する必要がある。

猫川　「なるほど。WAIS-Ⅳは私も実施した方がいいと思うのですが、不満にまつわる言動が多いようなので、仕事のときに不満にどう対処しているかなどを見る方が、岩崎さんの病理やパーソナリティをより理解しやすいと思いました。ですので、TEG3よりもP-Fスタディの方がよいと思うんですが、どうでしょう？」

院長　「ああ確かにね。じゃあTEG3をP-Fスタディに変更しておくよ」

猫川さんの思考プロセス

まずはWAIS-Ⅳを軸にして、岩崎さんの能力面と仕事内容とがマッチしているかをしっかりみよう。岩崎さんが訴えている不満を解決する方法が分かるかもしれない。特に営業職だから、対人関係での不満が溜まる場面も多いかもしれない。これだけ人への不満を訴えているわけだから、不満が溜まる場面でどのように対処する傾向があるかを見ておきたい。そうするとP-Fスタディは実施しておきたい。

でも院長が気にしているパーソナリティ傾向を知ることも重要だ。自身の性格をある程度意識でき、さらにそれを自分の言葉で説明できる力がある。だから、意識的な自己の傾向を知ることができるTEG3よりも、無意識的な自己像を捉えることのできるバウムテストの方がいいだろうな。

ここがポイント！

●心理検査における医師の目的と、実際に心理検査で明らかにできることが一致しているかどうかを検討する。異なる場合には医師に新たなテスト・バッテリーを提案することが必要。

猫川　「もし2回来てもらえそうでしたら、バウムテストも実施していいでしょうか？　カルテなどを見ている限り、誠実な方のようですが、どうしてこんなに不満が多いのかと気になりまして。岩崎さん自身の自己像やエネルギーをどのように処理しているのかを見ておきたいです」

院長　「それは助かるよ」

猫川　「ありがとうございます。では2回来院可能か岩崎さんに確認して、またご報告させていただきます」

猫川さんの思考プロセス

3時間あれば、WAIS-ⅣとP-Fスタディとバウムテストの3つとも実施できる。でもP-Fスタディとバウムテストは同じパーソナリティ検査だから、同じ日に実施してしまうと、診療報酬の算定がとれない。2回に分けて来てもらおう。

私がいる時間に来院してもらう場合、18時には検査を終える必要がある。岩崎さんがいつも来院する時間を考えると、難しいかもしれない。一度岩崎さんにスケジュールを確認してみよう。

ここがポイント！

- テスト・バッテリーを組む際には検査の有用性だけでなく、検査時間を踏まえてクライエントへの負担や実施できるかどうか、その可能性も検討する必要がある。
- 診療報酬の加算についても考慮する。

猫川　「最後に１点だけお聞きしてもよろしいでしょうか？　院長は岩崎さんと話をしていてイライラしませんでしたか？」

院長　「うーん……まぁちょっと困ったなと思うことはあるけど。本人も文句を言いながら困ってるようなんだ。だから何とかしてあげたいとは思うかな」

猫川　「そうなんですね。心理検査で少しでも岩崎さんの今後の対応についてどうしたらいいかが分かるようにできたらと思います！」

院長　「よろしくね」

猫川さんの思考プロセス

カルテからでは実際の様子が伝わりにくいところがあるのだろう。実際に会うと「なんとかしてあげたい」と思えるかもしれない。本人は不満ばかり言っているけど、「困ってる」という気持ちが大きいみたいだし、一見解決策を立てていないように見えるけど、周囲に困っている気持ちは伝わる方なんだ。**実際の思いと、言葉での表現とが一致していないところがあるかもしれない。**

ここがポイント！

- 検査者の逆転移は、クライエントの対人関係のパターンを理解するうえで役立つ。

5. シミュレーションをする

15時30分　午後の診療開始

17時30分　予定表に入っていた業務が全て終了。記録をまとめ、終業時間まで残り15分程度。

心理室の後片づけをしながら、金曜日の勤務状況を頭の中でシミュレーションする。

18時00分　退勤

猫川さんの思考プロセス

WAIS-Ⅳは2時間程度かかるから、1回目に実施しよう。もし2回目の来院が難しければ、WAIS-ⅣとP-Fスタディのみ実施しよう。P-Fスタディは通常30分ほどで終わるから、3時間の検査時間内で収まるだろう。WAIS-Ⅳを後に実施し、時間がかかりそうだったら、補助検査を選別しよう。

2回来院できるのであれば、WAIS-Ⅳとバウムテストを1回目の来院時（金曜日）に実施して、別日にP-Fスタディを実施しよう。そうした方がじっくり時間をかけて実施できる。

ここがポイント！

●各検査の実施時間や特徴を考慮して、実施順を検討する。

第4章チェックリスト

□検査の目的を確認
□予約状況を確認
□問診票を確認
□診療記録（カルテ）を確認
□すでに実施した心理検査がないかを確認
□主治医や受付等からの情報を確認
□検査目的と実施する検査が一致しているかを確認

第5章 心理検査実施時の思考プロセス

第４章では、テスト・バッテリーの組み方について、基本的な考え方の説明をした後、事例を通して、心理検査の予約が入ってからテスト・バッテリーを組むまでの思考過程について述べてきました。第５章では、心理検査実施当日の様子を一緒に見ていきましょう。

1. 検査道具の準備と検査の説明

検査道具を準備する

２月10日　14時50分

猫川さんの思考プロセス

検査時間は限られているから、検査前にそれほど多くの話はできないな。岩崎さんの情報はカルテから大体把握しているから、まずは検査目的を共有して検査を実施することの同意を取ろう。

ここがポイント！

- 心理検査前の時間は限られているため、確認したい情報を整理しておく。
- 検査目的をクライエントと共有する。
- 実施に関するインフォームドコンセントは必須。

猫川さんはWAIS-Ⅳの検査道具を棚から取り出し、鉛筆やストップウォッチ、検査用紙など必要なものがそろっているかを確認する。P-Fスタディに使用する用紙とバウムテストに使用する画用紙、鉛筆をそれぞれ準備する。

猫川さんの思考プロセス

検査の実施順序は、クライエントに会ってから最終的に確定するけど、きっとWAIS-Ⅳを最初に実施することになるだろう。検査道具や検査用紙は先に準備しておこう。鉛筆はきちんと削れているか、検査用紙は足りているかはしっかり確認しておこう。

ストップウォッチも電池が切れていないか、操作音が正常かも確認が必要だ。問題冊子や他の検査道具もきちんとそろっているかな。

P-F スタディは実施することになっているけど、別日で来院してもらえるなら、今日はバウムテストを実施して、P-F スタディは次回に実施することになる。でも、今日しか来院できないとなれば、今日 P-F スタディを実施することになるから、両方準備をしておこう。

ここがポイント！

●実施する検査の道具や用紙を準備し、不備がないか確認する。

検査の確認と説明をする

猫川さんは15時ちょうどに待合室へ向かった。待合室には５名のクライエントがソファに腰をかけて待っている。男性は２人おり、２人ともスーツ姿で身なりも整っていた。一方は年配の方で、もう一方の男性は若く見える。若い男性は短髪でスーツ姿、手にはコートと仕事用と思われるカバンを持っている。ソファに深く座り、背もたれに身をあずけて携帯電話を眺めている。

猫川さんの思考プロセス

岩崎さんは33歳の男性だから、２人のうち若く見える方かな？　仕事帰りのようだ。身なりもきちんとしているし、清潔感もある。どちらであっても、見るからに抑うつ的な様子はない。

ここがポイント！

●予約時間を守れているかどうかは、社会性や時間概念の把握に役立つ。

●外見や第一印象は、クライエントのアセスメントに組み込まれる。

●待合室での様子は、クライエントの普段の性格や態度が見えやすい。

猫川さんが「岩崎さん」と声をかけると、30代前後の男性が「あ、はい」と声をあげ、背もたれから身を起こして立ち上がった。

「こちらへどうぞ」と岩崎さんを案内すると、男性は軽くお辞儀（じぎ）をしてあとに続いた。心理室へ誘導し、荷物の置き場所と座る席を指示すると素直に従った。岩崎さんには、猫川さんと180度対面で、向かい合う形で席についてもらった。

猫川さんの思考プロセス

予想通りの人だった。コートも丁寧に畳まれていて、シャツもきちんとアイロンがかけられている。こちらの声かけにも反応がいい。

ここがポイント！

●身なりや心理職への振る舞いは、社会性や社会適応をアセスメントするのに役立つ。

猫川「本日は心理検査を受けていただくことになっています。院長から検査について説明を受けていますか？」

岩崎「あ、はい。自分の得意・不得意を知ることができるって聞いています」

猫川「そうですね。今回、院長と検査を実施しようという話になったのは、何かきっかけがあったのでしょうか？」

岩崎「仕事がちょっと大変で。そのことを先生に話したら、先生から自分の得意・不得意が影響しているんじゃないかと言われました。だから、自分のこととかもきちんと知っておくと、何か治療に役立つかもって」

猫川「そうなんですね。**自分の得意・不得意が今のお仕事状況に影響してるんじゃないかと思われたのですね**」

岩崎「今の上司がちょっとパワハラ気質でして。仕事がしんどいのは、その人の影響が大きいと思うんです。でも心理検査にも興味があったし、自分のことを知っておいて損はないなと思って」

猫川「そうですか。**心理検査の結果は、今後どのように役立てたいと思いますか？**」

岩崎「そうですね……、自分がどういうことが得意なのかを知って、仕事のやり方に活かせたら嬉しいです。もし転職するならどういう仕事が向いているのか知っておくのもいいかな」

猫川「転職も考えておられるんですか？」

岩崎「今の上司が異動になってくれたらいいんですけど。それが難しいときには転職も考えた方がいいのかなって。いざというときのためです」

猫川「そうなんですね。最終学歴は大学ですか？　新卒から今の会社ですか？」

岩崎「はい、大学を卒業してからずっと、今の会社で働いています」

猫川「承知しました。今回は、WAIS-Ⅳという知能検査と、P-Fスタディという性格検査をしてほしいというオーダーが院長から出ています。WAIS-Ⅳを受けていただくと、得意・不得意について知ることができます。また、P-Fスタディでは、対人関係でのストレス場面で、どのように対処するかということを知ることができます。両方とも、今後の仕事に活かすことができる検査だと思います」

岩崎　「はい、それでお願いします」

猫川さんの思考プロセス

敬語も的確に使えているし、受け答えも丁寧だ。会話もスムーズに行える。仕事のしんどさについては、カルテに記載されていた通り、上司の影響が大きいと考えているみたい。上司との関係をなんとか改善したいという思いはなく、対人関係についてもあまり改善したいという気持ちは薄そうだ。

でも、転職も全く考えていないわけではないというのは今までにない新しい情報だ。

大卒でずっと同じ会社に勤めているということは予想通りだ。

ここがポイント！

- やりとりを通じて、「会話の疎通性」「症状の重さ」を確認する。
- 検査目的をクライエントとともに確認する。心理検査が実施可能か、追加の検査は必要ないかも検討する。
- 事前情報との整合性を確認する。事前情報との不一致があれば、その要因について仮説を立てる。

猫川　「1点、ご相談があります。"バウムテスト"という、今の心の状態を知るための検査があります。カルテを拝見していると、眠れないことやイライラが続いているようなので、どうしたらよいか検討するために、このテストを実施するのはどうかと院長と話しました。ただ、バウムテストとP-Fスタディは同じ日に実施できない決まりになっています。もしもう1日来院いただけるようでしたら、本日にバウムテストとWAIS-Ⅳを実施して、別の日にP-Fスタディを実施したいと思うのですがいかがでしょうか？」

岩崎　「そうですね……。別日は何時間くらいかかりますか？」

猫川　「30分もかからないと思います」

岩崎　「仕事が18時が定時なので、できれば18時30分以降の予約がいいです」

猫川　「すみません。私の勤務が18時まででして。17時30分が最終のご予約になってしまいます。ご調整は難しいでしょうか？」

岩崎　「それであれば、1時間の時間休で来れるので大丈夫です。せっかくなので、いろいろ受けておきたいなと思います」

猫川　「ありがとうございます。ちょうど1週間後の2月17日の17時30分が空いていますので、予約を入れてもよろしいでしょうか？」

岩崎　「はい、お願いします」

猫川さんの思考プロセス

仕事の調整ができるようでよかった。いつも診察は１時間程度残業した後に来院しているようだけど、１週間後の勤務時間の調整ができるような職場だと分かった。

心理検査への意欲は高いみたいだ。自分のことを知りたいという欲求は強いのだろう。追加で受けるバウムテストも了承が得られてよかった。そうすると、一番時間がかかるWAIS-Ⅳと時間のかからないバウムテストは今日実施して、P-Fスタディは来週に実施しよう。バウムテストのような描画法、投影法は侵襲性が高いから、先に実施すると、後の検査に影響が出る可能性もある。

ここがポイント！

- 心理検査へのモチベーションを推測する。
- 心理検査を複数ある場合は、「構造化が強い心理検査➡構造化が弱い心理検査」の順番で実施するのが基本。クライエントの状況に応じて、検査の実施順序を検討する。

2. WAIS-Ⅳを実施する

猫川　「それでは検査を始めます。この検査はWAIS-Ⅳといって、『知能を測定する検査』です」

岩崎　「はい」

猫川　「この検査は２時間から２時間半程度かかります。途中、休憩したいとか、トイレに行きたいとかありましたらおっしゃってくださいね」

岩崎　「わかりました」

猫川　「これから言葉の説明や数に関する問題など、いろいろな問題に（中略）真剣に取り組んで下さい。何か質問はありますか？」

岩崎　「特にないです」

しっかり理解できている様子。礼儀正しいし、受け答えも丁寧。順調に実施ができそう。検査時間が長くなったり、岩崎さんの疲労が強い様子が見られたら、補助検査の実施範囲を再検討しよう。

ここがポイント！

- 補助検査は、クライエントの状態と検査目的、検査時間に応じて実施するかどうか、実施する場合は何を実施するかを検討する。
- 補助検査を全て実施すれば、得意・不得意を詳細に把握できるが、その分、検査時間が長くなり、クライエントの負担が増す。
- アセスメントに役立てるため、今後検査中のクライエントの発言やふるまいはできる限り、記録用紙の枠外に記載する。
- 休憩やトイレについて事前に伝えておくことで、疲れたときに自発的に休憩等やトイレを希望できる人かどうかを観察することができる。

「積木模様」の実施

〈岩崎さんの様子〉

- ～第８問までは４つの積木を正方形に組み合わせる課題。いずれも15秒以内でスムーズに正答した。
- 第９問目～のように４つの積み木をひし形に組み合わせる課題になると、「こうやって、えっと……」「え～？　むずかしいですね」「みんなできるんですか？」と言う。
- 第９問目以降、所要時間が18秒、29秒とやや遅くなるが、間違えることなく正答。
- 第11問目からは、組み合わせる積み木の数が９つに増える。検査者が９つに増やすと「うわ！」と声を上げる。
- 第14問以外は制限時間内に正答した。
- ９つの積木になってから、試行錯誤することが増えた。
- 第14問は、途中、積み木を横に４つ並べるなど150秒間試行錯誤を続けたが、完成できずに終了した。

猫川さんの思考プロセス

- 落ち着いて取り組んでいる。**難しいと感じたときなど、すぐ言葉に出るタイプ**なんだな。(「みんなできるんですか」と気にしている様子から) **周囲との差を気にするところがあるようだ。**
- 問題11から積み木の数が増えたことで、形をうまく分析できなくなっているようだ。ただ一度組み立てて、できなかったらすぐに違う方法を試すことができているから、積み木の組み直しまでの時間も短い。思考の柔軟性があるといえる。

・(問題14) 時間いっぱいまで、あきらめずに試行錯誤を繰り返している。しかし、全体の外枠を捉え切れていない。一部の模様を構成することに意識が向きすぎていて、全体を捉えにくいようだ。

ここがポイント!

- 「積木模様」は最初に取り組む課題であるため、緊張度が高い方はケアレスミスが出るなど、緊張した様子が見られる。
- 積木の数や向きが変わる課題では、変化への適応力を見ることができるためミスが生じたり所要時間が長くなっていないかを確認する。
- 検査中の発言は内容分析に役立つため記録しておく。
- どのように誤答したかは内容分析に役立つため記録しておく。

「類似」の実施

〈岩崎さんの様子〉

・最後の問題まで実施した。

問題	回答	得点
練習	数字	
4	動物、哺乳類	2
5	食器	2
6	エンジンを使う〈Q〉乗り物	2
7	小学校の頃したなー、作るもの、学校	1
8	えー? 有機物ですよね? 〈Q〉えー……ないですよ	0
9	感覚器官	2
10	小さい、これから育っていくもの	2
11	ポジティブ	2
12	え……副詞、違いますよね、なんかこう絶対こうって感じ	1
13	身に着けるものですよね? 学校で〈Q〉自分を示す、名前とか	1
14	一度敵対したら、友情は元に戻らないんですよね。なんだろう……感情のこと? 人間関係かな	2
15	これも感情、受け取るか、断るか	0
16	えー似てるところあるかな、ないってないんですか? えー……評価	1
17	えー、なんだろう、許可と制限……うーん、あ! 決められていること	2
18	人間の行動ですね〈Q〉えー、他に……? 必要なものとか?	1

猫川さんの思考プロセス

・課題が難しくなるにつれて、言葉数が多くなっている。
・自分の回答が正答かどうかを探るような回答が多い。中止には至らないし、「わからない」だけの反応もない。語彙力はあるようだけど、上手く説明できないようだ。

ここがポイント！

●言語での回答は適当に回答しにくいため、自信がなかったりわからないときにどのように対処するかがわかりやすい。
●言語回答を全て記録することで、内容分析に役立つ。
●回答が不明瞭な場合など、内容を確かめるために「それはどういうことですか？」と尋ねる「クエリー」を行った場合、「Q」と記録する。
●検査者の発言も記録しておくことで内容分析に役立つ。

「数唱：順唱」の実施

〈岩崎さんの様子〉
・問題4の第2系列から回答が曖昧になる。問題5から小声になり、検査者が発する数字を繰り返す。
・問題6から回答が途切れ途切れになり、後半の数字は自信なさげに答え、語尾が疑問形になる。
・問題8では両系列ともに4桁まで回答した後、「忘れました」と答え、中止になった。

問題		系列得点	得点
1	第1系列	1	2
	第2系列	1	
2	第1系列	1	2
	第2系列	1	
3	第1系列	1	2
	第2系列	1	
4	第1系列	1	1
	第2系列	0	
5	第1系列	1	2
	第2系列	1	

6	第1系列	1	1
	第2系列	0	
7	第1系列	1	1
	第2系列	0	
8	第1系列	0	0
	第2系列	0	

猫川さんの思考プロセス

・（問題４）ここで誤答か。耳から聞いた情報を記憶するのは苦手かな？
・（問題５～）あれ？　ここは正答できている。前の問題を誤答したから集中力が増したのか？　問題４の誤答は注意がそれた可能性が高そう。
・こちらが答えられないかな、と思っていても、待っていると答えられる。とにかく１問でも正解したいという気持ちが伝わってくる。検査に対する意欲は十分あるようだ。

ここがポイント！

●順唱で記憶できる桁数は、短期記憶で登録できる桁数になる。
●第１系列、第２系列のどちらかで正答している場合は、その桁の数字を処理する能力は備わっていると考えられる。しかし、注意・集中の維持や注意の切り替えの困難さから、誤答が生じている可能性がある。

「数唱：逆唱」の実施

〈岩崎さんの様子〉
・問題４では「難しくなってきたな」と呟き、途切れ途切れに回答する。
・問題５の第１系列では４桁のみ答える。
・問題６では両系列とも回答の途中で「え、難しい」「無理」とあきらめ、中止した。
・中止後に「みんなこれできるんですか？」と尋ねた。

問題		系列得点	得点
1	第1系列	1	2
	第2系列	1	
2	第1系列	1	2
	第2系列	1	
3	第1系列	1	2
	第2系列	1	

4	第1系列	1	2
	第2系列	1	
5	第1系列	0	1
	第2系列	1	
6	第1系列	0	0
	第2系列	0	

猫川さんの思考プロセス

・順唱ではスラスラ言えていた桁数でも、「難しい」と言っている。記憶の保持はあまり得意ではないのかもしれない。それにしても、**素直に感情を表出する人**だ。

・また**「みんなの様子」を気にする言葉が出てきている**。回答できなかったときは、他の人が気になるようだ。

ここがポイント！

●逆唱では順唱よりも、記憶を保持する力が必要となる。

「数唱：数整列」の実施

〈岩崎さんの様子〉

・問題3から回答が途切れ途切れになる。

・問題5では語尾が疑問系になり、第2系列は回答を途中で「えー？　もう無理です」とあきらめたため、中止した。

問題		系列得点	得点
1	第1系列	1	2
	第2系列	1	
2	第1系列	1	2
	第2系列	1	
3	第1系列	1	2
	第2系列	1	
4	第1系列	1	2
	第2系列	1	
5	第1系列	0	0
	第2系列	0	

・逆唱と同じく、5桁で回答が難しくなり始めた。やはり記憶の容量はそれなりにあっても、記憶を保持することは難しそうだ。
・逆唱と同じ桁数で中止になるということは、記憶を保持するための方略をあまりもっていないのかもしれない。

ここがポイント！

●数整列では数字を登録し、保持したものを操作する力が必要となる。
●数整列では、すべての数字を聞く前に、言われた数字から並べ替えるなど、保持や操作に関する方略をとることができる。これらの方略が適用されると、逆唱よりも点数が高くなることがある。

「行列推理」の実施

〈岩崎さんの様子〉
・問題14まで一定のスピードでテンポよく回答する。
・問題15から回答に30秒以上かかるようになり、検査者が「どうですか？」と回答を促すと、「うーん……」「えー……」と長考。
・問題21では、「まあいいか」と呟いて回答する。

問題	反応	得点
15　P　45秒で回答	「うーん……」	0
16　P　60秒で回答	「えー？」	1
17　P　55秒で回答		1
18		1
19　P　53秒で回答	「えー」	0
20　P　56秒で回答	「こうで、こうで……」	0
21	「まあいいか」	0

猫川さんの思考プロセス

・（問題15）回答を促した。もう少し待ってみたら回答しそう。……やっぱり答えた。
・（問題16～）さっき、待ってみたら回答したから、次も待ってみよう。……正答した。難しそうな表情はしているけど、考えることをあきらめていないし、**粘って考えたら回答を導けるようだ。**

ここがポイント！

- 促しを行った場合には「P」と書く。検査者の介入も記録しておくと内容分析に役立つ。
- 時間制限のない課題は「30秒ガイドライン」が適応され、30秒が経過した時点で回答を促す。
- 時間制限のない課題では、回答しそうだと判断した場合には待つ。回答に困っている様子であれば、検査者から「次の問題をやってみましょう」と切り上げる。
- 30秒以上かかって回答した場合には、回答時間を記録しておくことで、内容分析に役立つ。

「単語」の実施

〈岩崎さんの様子〉

・問題28で中止にするか迷い、最後まで実施。

問題	回答	得点
5	赤くて丸い食べ物、秋に木になる	2
6	冬に手につける防寒具	2
7	朝に食べるご飯、僕は食べないですけどね	2
8	まれ、めったにないこと	2
9	委譲する、任せる、任せることのできる人にお願いするということ	2
10	作る、なかった状態から一を作るイメージですね	2
11	ものを使うこと〈Q〉えー？　使う？　使ってなくしてしまう	2
12	言ってはいけないこと、言うと喧嘩になるからいわない	1
13	招いて集めること〈Q〉会議とかに招いて集める	1
14	治すこと、回復すること、リラックスするとか、体にいいこと	1
15	なんていうのかな、その結果に至ったいきさつというか、プロセス？	2
16	えー？　障害のある人に優しいこと。段差のないスロープとか、車いすの人が使う	1
17	自然ですよね、意識していないような、やさしさというか	1
18	パワーアップすること、恐竜のいた時代から人間も猿からレベルアップしてきた	1
19	抽象的でないこと〈Q〉えー？　詳しく、具体的？　それ以上ありますかね	0
20	春うららかとかいうけど、あったかい、おだやか	1
21	鋭いこと、とがっていて	0
22	自己中心的な人のこと、そういう人は人気がない、うちの職場の上司がそう	1
23	この世の中のすべてのこと	2
24	良心の呵責（かしゃく）っていいますよね、悪いことをしたときとかに、それをもっているのは大事	1

25	しなきゃいけないから、本当は嫌だけど、仕方ない、仕事はそうですよね	2
26	まがっていることというか、まっすぐでない	0
27	なんていうか、ばかばかしいというか、そんなことない	0
28	きいたことない、あるんですか？　こんな言葉	0
29	高飛車って感じ、偉そうにしている人、上司とか同僚とかにいそう	

猫川さんの思考プロセス

・「類似」の実施の後半では回答時間が長くなっていたけど、今回も長いだろうか。

・（問題５～）２つ答えているということは、１つの答えでは自信がないんだろう。言葉数を増やしてなんとか伝えようとしている。頭の中に浮かんだことを伝えようという努力は試みるようだ。

・（問題７）自分の話をしている。「類似」のときも回答以外のことを連想して話していた。自分が説明できる内容に話をもっていこうとする傾向もあるのだろうか。

・（問題17）１点か２点か採点に迷う。迷いすぎると岩崎さんも「間違ったかな」と不安に感じてしまうだろうから、ひとまずここは採点せずに次の問題に進もう。後で採点基準を確認してから判断しよう。１点でも２点でも中止条件に関係ないから問題ない。

・（問題22）また回答以外のことを連想している。

・（問題28）「自分が知らないことは他の人も知らない」という視点が強いのかもしれない。

・（問題28）３問連続で誤答したので中止だ。でも、問題冊子には次の課題も載っており岩崎さんも見ている。ここで中止をしたら「問題が残っているのに中止になったということは、間違えたからではないか」と不安にさせてしまうかもしれない。採点はしないけど、問題は解いてもらおう。

ここがポイント！

●言語回答の課題（類似）と比較して、回答の様子に変化があるかを観察する。

●回答以外の発話も全て記録しておくと内容分析に役立つ。

●採点基準に迷った場合、その場で採点せずに保留にする。

●実施手順に反しない範囲で、クライエントの不安を喚起しない対応を行う。

「算数」の実施

〈岩崎さんの様子〉

・問題11までは5秒以内に正答していた。

・最後の問題まで実施。

問題	所要時間	回答	得点
12　R	20	えーっと……200	1
13　R	18	えー？38	1
14	10	140	1
15　R	21	覚えれないなぁ……30	1
16	15	184	0
17　R	23	どっちがどっちだっけ……600	1
18	14	47	1
19　R	32　OT	えーそんなことある？　間違ってない？　49でしょ	0
20　R	29	えーなんだろう……51	1
21　R	35　OT	えー……NR	0
22	35　OT	NR（OT後）これ難しいですね、答えられる人いるんですか？ 2000くらいだと思ってる	0

猫川さんの思考プロセス

・（問題12〜）聞き返しが多くなってきた。文章が長くなったり、計算が複雑になると、耳から聞いたことの保持が難しくなってくるようだ。「数唱」のときにも同じ印象を受けた。有意味語（意味のある単語）でも保持は難しいのかもしれない。

・（問題16）惜しい。正答に近い数字を答えているから、計算式は合っている可能性が高い。ケアレスミスだろうか。

・（問題19）おそらくこれも計算式は合っているけど、答えが小数点になることに違和感を覚えたのだろう。

・（問題22）自分が答えらない問題は「答えられる人がいるのか」と発言する。「数唱」でも同じ傾向がみられた。自分ができないことは他の人もできないだろうと思っているのだとしたら、自信家の可能性があるだろう。

ここがポイント！

●「数唱」は無意味語（意味のない単語）を短期的に記憶するが、「算数」では有意味語を短期的に記憶する。

●（問題19）計算はできていても回答が小数点になっていいのかと迷うクライエントが多い。合理性を重視できるかどうかが関連してくる。

●時間制限を超えた場合には、「OT」と記録する。クライエントが回答せず、検査者から次の問題へと進めたときには「NR」と記録する。

●回答以外の発話も全て記録しておくと内容分析に役立つ。

「記号探し」の実施

〈岩崎さんの様子〉

・所要時間は120秒かかった。

・誤答数０、自己訂正０だった。

・４ページ最後の方まで回答した。

行動観察用メモ　(検査用紙に記載)
急いで取り組んでいるが、ゆっくりと一定のペース。
黙って取り組んでいる。右利き。左手で課題を指さす。
終わった後「もう少しできたのになぁ」と発言。
鉛筆の持ち方は綺麗。
○の書き終わりの線が止められていない。
前傾姿勢。

猫川さんの思考プロセス

・課題を左手で指さし確認しながら解き進めているのは、ミスがないようにという意識があるからだろう。実際にミスがないかどうかは採点時に確認しよう。解くペースは一定で、作業にムラは見られない。

・(「もう少しできたのになぁ」という発言に) どうしてそう思ったのだろう？　課題を全て解き終わる前に時間制限で中止されたから、悔しくてそう言いたくなったのだろうか。それとも、別の理由による不全感があるのだろうか。

ここがポイント！

●利き手を確認し、作業に影響はないかを見る。

●クライエントの行動・仕草を検査用紙に記録しておくと内容分析に役立つ。

●鉛筆の持ち方は微細運動や目と手の協応運動のアセスメントに役立つ。

「パズル」の実施

〈岩崎さんの様子〉

・～問題12まで５秒以内に回答した。

・問題７はすぐに答えたが、誤答だった。しかしすぐに自己訂正し、正答した。
・問題13から回答時間に10秒以上かかるようになる。
・問題14～22のほとんどの問題で促した。問題14～19までは促されれば、制限時間内に正答した。
・問題20は制限時間後に正答した。問題21、22は制限時間後に回答し、誤答した。
・問題22で中止した。

問題	回答時間	得点
14　P	20秒	1
15　P	25秒	1
16	24秒	1
17　P	27秒	1
18　P	28秒	1
19　P	20秒　「難しいんだよな」	1
20　P	45秒　OT	0
21　P	40秒　OT	0
22　P	43秒　OT	0

猫川さんの思考プロセス

・（問題14～）このあたりから課題内容が難しくなってくるので、考える時間が長くなってきた。
・（問題20で制限時間を超えた後に正答）難しいと感じていても、あきらめずに考え続ける力があるようだ。
・「行列推理」では回答の促しに「そうですか」といった反応があったのに、今回はない。課題に対して感情表出もなくなっているから、**ちょっと疲れてきたのかもしれない。**

ここがポイント！

●回答時間は、クライエントの能力やじっくり考える力のアセスメントに役立つ。
●決められた秒数で「促し」をすることが決まっている課題では、忘れずに促しを行い、「P」と記録する。
●制限時間後に回答した場合には、回答までの時間と回答の正誤を記録することで内容分析に役立つ。

「知識」の実施

〈岩崎さんの様子〉

・問題８まではスピーディーに正答した。

・問題９は「清少納言(なごん)」と誤答した。

・問題10～20まで時折、語尾が疑問形になるもののテンポよく正答した。

・問題23で中止した。

問題	回答	得点
20	動脈、静脈……あとは……毛細血管？	1
21	えー？　インドの人……なんだっけなー、偉人	0
22	英語	0
23	えー聞いたことあるけど……うーん……　NR	0

猫川さんの思考プロセス

・（問題９）よくある間違いだ。落ち着いて考えれば、岩崎さんなら正答できただろう。

・（問題21～）**自分がよく知らないことに対して「わからない」と素直に発言することが難しいようだ。**岩崎さんのあきらめずに考えようとする姿勢は長所にもなる一方で、自分で考えようとしすぎてしまう短所にもなりそうだ。

ここがポイント！

●「知識」は言語で回答する課題の中でも特に知らないと回答できない課題である。「わからない」と回答した場合に記録される「DK」がつきやすい。

「符号」の実施

〈岩崎さんの様子〉

・所要時間は120秒かかった。

・誤答数０、自己訂正０だった。

・残り２行半を残して回答した。

行動観察メモ（検査用紙に記載）

枠内に収めて書いている。符号の大きさも枠に対してちょうどいい。○の書き終わりの線が止められていない。

急いで書こうとしている。

視線が上下しており、毎回、見本を確認している様子。

最後まで一定のペース。
鉛筆の持ち方は正しい。
前傾姿勢。

猫川さんの思考プロセス

・急いでやろうという姿勢は見えるが、書き終わりの線を止めることができていない。
・でも、枠からはみ出たり、自己訂正することはない。毎回、見本を確認しているのは、きっと覚えられないからだろう。
・頭が左右に動いたりはしていないから、目の動きは悪くなさそうだ。

ここがポイント！

- 見本を覚えているかどうかを確認することは、視覚的な短期記憶の見立てに役立つ。
- 頭や視線の動かし方は、眼球運動の見立てに関与する。
- 行動観察したことを記録しておくと内容分析に役立つ。
- 鉛筆の持ち方は微細運動や目と手の協応運動の見立てに役立つ。

「語音整列」の実施

〈岩崎さんの様子〉
・第５問目まで全て正答した。
・第６問目の第３系列から数字を回答した後に言葉が止まった。

問題		誤答	系列得点	得点
6	第１系列		1	3
	第２系列		1	
	第３系列	4 8……すと	0	
	第４系列		1	
7	第１系列		1	2
	第２系列		1	
	第３系列	1 7 9……すた	0	
	第４系列	1 3……すせめ	0	
8	第１系列　（小声で繰り返す）	3 7 8……かけ＿	0	0
	第２系列　↓	1 4 9……あかた	0	
	第３系列　↓	3 6 10……えけ……	0	
	第４系列　↓	1 4 7……まめる	0	

猫川さんの思考プロセス

・(問題５まで正答しているので）教示内容はしっかり理解できている。
・しかし、「逆唱」「数整列」と同様に５桁からがやはり難しそう。
・(問題７）問題６も第３系列で誤答していた。後半の方が、集中の維持が難しそうだ。
・(問題８）小声で繰り返し始めたのは、記憶を保持するための工夫のためだろう。でも完全には覚えきれていない。

ここがポイント！

●語音整列では、数字と平仮名を同時に登録し、保持したものを操作する力が必要となる。
●「数唱」と「語音整列」は、ワーキングメモリーを必要とし、注意・集中の維持と強い関連がある。

「バランス」の実施

〈岩崎さんの様子〉
・～問題12まで10秒以内に正答した。
・問題11で初めて誤答した。
・問題15～19（問題16を除く）で促した。
・問題19では制限時間後に回答するが、誤答。中止した。

問題	回答時間	得点
11	５秒	0
12	７秒	1
13	20秒	0
14	23秒	0
15　P	38秒　「えー…」	1
16　（天秤が３つに）	28秒　「えー！」	1
17　P	35秒　「これかな……」	0
18　P	37秒　「えー！？」	0
19　P	50秒　OT	0

猫川さんの思考プロセス

- (問題11) すぐに答えたけど誤答だ。数の増減だけではない課題で初めてミスしたから、思考の切り替えがスムーズにいかなかったのかもしれない。
- (問題13～) 数の増減の課題なのに誤答している。答えるのに不要な図形があるから、混乱したのだろう。問題11も不要な図形がある課題だった。
- (問題14～) 類推が必要になると難しそうだ。
- (問題15) さっきの問題よりも難しいはずだけど、正答した。偶然か？
- (問題16) 3つの天秤を見て類推する必要がある問題だけど、きちんと正答している。解き方がわかってきたのだろうか？
- (問題17～) しっかり考えようとしているけど、やっぱり難しそう。問題15と16はあまり解き方を知らずに正答したと思った方が良さそう。
- それにしても、粘り強く考えて答えようとする姿勢はすごい。検査も後半になって、すでに開始から90分が経っているけど、それでも意欲的に取り組んでいる。

ここがポイント！

- 本来の能力であれば正答できるはずの初期の問題での誤答は、ケアレスミスの可能性が高い。
- 問題に変化があった際、感情表出の有無、所要時間の変化、誤答の有無によって、状況への適応力へのアセスメントに役立つ。
- 数の増減だけの問題、類推が必要な問題、3つの天秤の問題のどこでミスが生じているか、確認する。

「理解」の実施

問題	回答	得点
3	切手を貼ってるならポストに入れる、実際はそのまま放っておくけど	2
4	山に木を植える？　木材を作るため、温暖化防止	2
5	美味しくするため、やわらかくするため	2
6	住みたい人がたくさんいるじゃないですか、そういう人が多い……	1
7	専門的な知識をもっていることを保障する	2
8	悪用しないように、売りさばいたり飲んじゃいけないのに飲んだり	1
9	輸入と輸出をするため、国と国で仲いい方がいろいろうまくいく	1
10	過去の失敗から学んで将来に活かすため	2

11	移住できる第２の地球を探す、新たな資源が見つかるかもしれない	2
12	アレルギーを持つ人が確認できるようにするため、体に良くないから	1
13	部分ばかりみて全体がみえていない	2
14	七回転んで八回起きて。そういうことでしょうか。	0
15	様々な生物がいることが大事だから〈Q〉いなくなると取り戻せない	1
16	そうすることに法律で決まっているから〈Q〉払わないと罰を受ける	0
17	平等にするため、不公平のないように	0

猫川さんの思考プロセス

・（問題３、４）最初の課題は順調に正答している。回答も端的で的を得ている。
・（問題６～）言いたいことはわかるし、大きくは外れていないが、２点の回答にはならない。クエリーもつきにくく、採点の判断が難しい回答でもない。「類似」や「単語」に比べると言葉数が減っている。
・自分の知っている言葉で話そうとする傾向もみられない。さすがに疲れてきたのか、それとも自信があるのだろうか。相変わらず「わからない」とは答えない。
・（問題15）１点か０点かで採点に悩むな。保留にして検査終了後に採点しよう。
・（問題16）さっきの問題15が０点だったら、これで３問連続誤答になるので中止になる。一応、問題17も実施しておいて、どちらでも対応できるようにしておこう。

ここがポイント！

●言語で回答する課題のなかで最も「説明力」が必要となる課題である。言語での表現力とも関連する。
●すべての回答を記録し、内容分析に役立てる。
●採点に時間をかけるのはクライエントに不安を与える可能性があるため、詳細な採点は検査が終わった後に行う。ただし、中止条件に当てはまらないか気をつける。

「絵の抹消」の実施

〈岩崎さんの様子〉

・問題１、２ともに所要時間は45秒かかった。
・問題１は正答数17、誤答数０だった。
・問題２は正答数13、誤答数０だった。
・問題１、２ともに線を引かずに飛ばしたものはない。

行動観察メモ（検査用紙に記載）
・急いでやろうとしているが、スピードは一定。
・常に見本を確認している。
・鉛筆の持ち方は正しい。
・前傾姿勢。

猫川さんの思考プロセス

・毎回見本を確認しながら、慎重に解いている。早く取り組む姿勢は見えるけど、スピードよりも誤答しないように気をつけているように感じる。線を引くところを飛ばしていないか後で確認しよう。
・（問題２）問題１よりもスピードが落ちている印象があるな。採点時に正答数に違いがあるか確認しよう。

ここがポイント！

●行動や仕草、取り組む様子を記録しておき、内容分析に役立てる。
●問題１と２とで粗点に差がある場合には、練習効果や疲労が関与していることを疑う。

「絵の完成」の実施

〈岩崎さんの様子〉
・特定のクエリーと、指さし回答で誤答した場合にチェックするPXはなし。
・問題11は制限時間後に正答した。

問題	所要時間	言語反応・回答		得点
4	3秒	ここ	PC	1
5	10秒	あ！　この人の足跡	PC	1
6	17秒	ここの刃	PC	1
7	15秒	え…あるかな…、あ、ここの水	PC	1
8	12秒	えー…あ！　棘	PC	1
9	25秒　OT	えーないなぁ　NR		0
10	18秒	えー…あ！　爪	PC	1
11	23秒　OT	えー…あるかな…、ああ、ここ？	PC	0
12	17秒	え…あ、この木	PC	1
13	18秒	えー…ないよな…、あ、ここ？	PC	1

14	25秒　OT	えー…人はいるし…　NR	0
15	25秒　OT	えー…そろってるよな…　NR	0
16	25秒　OT	えー…なんかあるかな、人がいない…　NR	0
17	25秒　OT	えー…ひももあるし…　NR	0

猫川さんの思考プロセス

- 言葉と指差し、両方で回答しようとしている。でも言葉では十分に説明しきれていない。
- （問題11）時間制限を超えてから正答した。他は時間制限後も回答できず。
- 今回も「わからない」と答えなかった。制限時間が短いから、じっくり考える岩崎さんのようなタイプの人には時間が足りないかもしれない。

ここがポイント！

●「指差し回答」をするか、「言語回答」をするかはクライエント次第である。どのように回答するかによって、クライエントの表出手段を知る手がかりとなる。指差し回答で正答した場合には、PC に○をつける。

●指差し回答と言語回答が一致しているかどうかを見ることで、視覚認知と言語反応との一致度を推測する。

●全ての課題の中で、最も制限時間が短いため、NR がつきやすい。

検査後のやりとり

猫川　「これで今日の検査は終わりました。お疲れ様でした」

岩崎　「あー終わりですかー。疲れたー」

猫川　「疲れましたよね。休憩なく、よく頑張られたと思います」

岩崎　「みんなこれくらいかかるんでしょうか？」

猫川　「そうですね。2時間程度の方が多いかなと。**やってみてどうでしたか？**」

岩崎　「いやぁ、わかるようでわからなかった問題がいくつかありました。もうちょっと考える時間があれば解けたように思うんですけど」

猫川　「そうなんですね。**こういう問題は得意だというのはありましたか？**」

岩崎　「どうだろう。3つ選んで見本と同じにするやつ（※「パズル」）は、できたように思うんですが」

猫川　「そうですか。**では、反対にこの問題は苦手だなというのはありましたか？**」

岩崎　「うーん、意味を説明するやつ（※「単語」）とかですかね。なんて答えたら正解なのかがよくわからなかったです」

猫川　「そうだったんですね。今日は本当にお疲れ様でした」

岩崎　「ありがとうございました」

猫川さんの思考プロセス

・検査の前よりもくだけた話し方になっているからだいぶ疲れも出ているだろう。しかし、一度も休憩をとらずに最後までやり終えたし、明らかに疲労した様子は見られなかった。それに最後まで意欲的だった。

・検査中にも「みんなの出来」を気にしていたけど、やはり検査後も気になるようだ。

・十分に考えていたように思うけど、岩崎さんは「もうちょっと考える時間があれば」という気持ちがあるようだ。じっくり考えることは嫌いではないんだろう。逆に「わからなかった」と素直に認めることが苦手なのかもしれない。

・「パズル」は確かにしっかり解けていた。でも「単語」も得点としては悪くないはず。言語で回答する課題のなかでも「単語」で一番言葉数が多くなったのは、「正解がわからない」という不安からだったのかもしれない。

ここがポイント！

●検査の感想を聞き、見立てを裏づける。

●検査中の休憩の有無は、注意集中力、自らの疲労に気づき対処できる力などのアセスメントに役立つ。

●検査中の回答以外の発言は、他のパーソナリティ検査の結果と併せて、クライエントの性格傾向を見るときの情報として重要になる。

●クライエントによる得意・不得意の認識と、算出される数値としての得意・不得意とが一致しているかどうかを確認し、クライエントが自身の能力に客観的であるかを確認できる。

3. バウムテストを実施する

猫川　「それでは次の検査を始めていきましょう。疲れていると思うので、少し休憩をはさみましょうか」

岩崎　「次も同じくらい時間がかかりますか？」

猫川　「いえ、個人差はありますが、大体10分から40分くらいです。休憩をはさんでも結果には影響しませんよ」

岩崎　「それなら、少し休憩をとってもいいですか？」

猫川　「大丈夫です。では5分ほど休憩しましょうか」

岩崎さんはトイレに行き、猫川さんはその場で先ほどのWAIS-Ⅳの結果を少し整理した。

岩崎さんが戻り「ありがとうございます。できそうです」と少し表情は明るい。

猫川さんの思考プロセス

休憩はしたが、疲れているなかでバウムテストを実施することになる。「一定のストレスがかかっている状態で描画テストを実施した」ということをメモに書いておこう。でも、本人はひどく疲労している感じはない。

ここがポイント！

- クライエントの様子を見て適宜休憩を挟む。
- クライエントの様子を見て、次の検査への取り組みや結果にどの程度影響するかを予測する。

猫川　「それではバウムテストという絵を描く検査をします。絵は普段描かれますか？」

岩崎　「まったく描かないですね、苦手です」

猫川　「絵の上手い・下手は結果に直接影響しませんので、大丈夫ですよ。できる範囲でよいので描いてみてもらえますか」

岩崎　「はい、わかりました」

猫川さんの思考プロセス

普段から絵を描き慣れてはいないようだ。不安はありそうだけど、WAIS-IVの検査の様子を観察していると、病態が重くて社会適応が悪いという感じはしないし、取り組めるだろう。オーソドックスな手法で問題なさそうだから、画用紙はA4サイズで、2Bの鉛筆を使おう。

ここがポイント！

●用紙のサイズや鉛筆は、クライエントの様子や状態を確認して用意する。

岩崎さんの目の前に、A4 の用紙と 2B の鉛筆、消しゴムを用意する。

猫川　「それでは、この紙にこの鉛筆を使って、『実（み）のなる木を一本』描いてみてください」

岩崎　「実、ですか？　何にしようかな」と画用紙を見ながら微笑み、黙々と描いた。

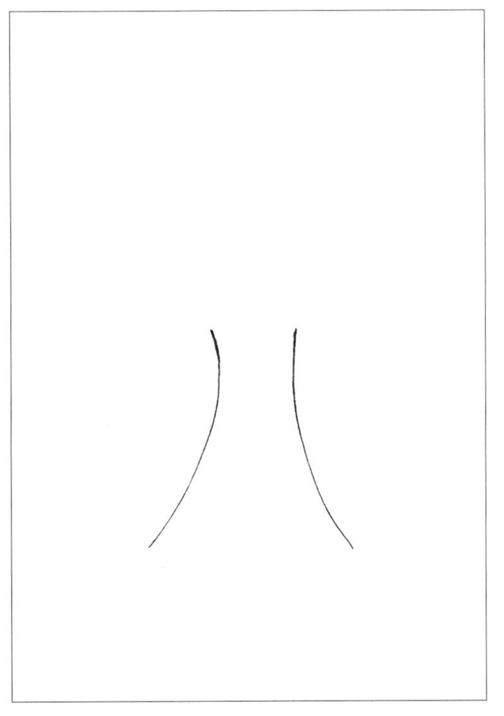

幹を描き、その後に、樹冠を描いた。

猫川さんは、描順についてメモを取る。

猫川さんの思考プロセス

・鉛筆の線はしっかりしていて、一定の筆圧はある。

・幹は右側のラインを上から下に、次に、左側のラインを上から下に引いている。右利きで、多くの人にある描順だ。

・根元が大きくなっていて、地面のラインはないけれど「支え」がしっかりしている。

・樹冠は左側幹上部のところから、右側に向けて描いていく。幹と比べて全体のバランスはとれているし、用紙の中央にある程度の大きさで描くことができているから、自分をしっかり表現していける人なのだろう。

・幹と樹冠の接合部はぴったりくっついているわけではなく、線が重なっている。樹冠のラインは円滑に手を動かしながら雲形のカーブを描いている。けど、勢いがよすぎて、いくつかくるりと丸まった空間ができている。

ここがポイント！

●筆圧や描順、描線の印象、木を描く位置を確認しながら観察する。

次に、実が描かれ、最後に幹の中にくるりと丸が描かれる。描き出す前には一瞬迷うものの、線を走らせるときにはさっと描いていく。消しゴムは使わなかった。

猫川さんの思考プロセス

・実はリンゴのようだ。複数あり、木に対してバランスの取れた大きさ。形態はしっかり描かれているけれど、樹冠の中で浮いて並んでいるようにも見える。枝は描かれておらず、実が浮いているように見える。躍動感のある描かれ方をした樹冠に対し、整列して描かれた実は対照的だ。

・最後に「うろ」のようなものを描いている。模様のつもりかな、それとも穴が開いているのだろうか。一般的には、何らかの外傷のサインと言われるものだから、後で本人に確認してみよう。

ここがポイント！

●描かれた各パーツを観察する中で感じる印象や印象の違いもメモに書く。

●描かれたものについてより詳細のイメージが必要なときは、PDI（後述）で質問する項目を考える。

岩崎さんは全体をさっと眺め「これ以上はいいか。できました」と鉛筆を置く。

猫川　「はい、ありがとうございました。よく描けていますね」

岩崎　「いやあ、やっぱり絵は苦手ですね。これが限界です」

猫川さんの思考プロセス

・所要時間は１分ほど。比較的早い時間だけど、絵を描くのが苦手な岩崎さんなりに丁寧に描いてくれたんだろう。

・用紙いっぱいに描けている。木の形態が大きく崩れているわけではないし、WAIS-IVに十分取り組めていたから、一定の社会適応はできていそうな印象。

・この木のどこに岩崎さんの特徴が表れているのか、ぱっと見は分かりづらい。描画の途中で気になったことも踏まえて、描画についてのさらに情報を得るための質問である **PDI（Post Drrawing Interrogation）** をしていこう。

ここがポイント！

●描かれた木をざっと見て、全体の印象をもつ。

●多くの人は５分～30分程度で描き終える。

●木は自己像を表しており、大きさや樹齢、生えている場所はクライエント自身や環境との関わりを示す。

●PDI は、描かれた木についての情報を補い、また、クライエントの思い描くイメージとのつながりや表現のギャップを知るために実施する。

PDI

猫川さんは絵を受け取り、二人が眺めることのできる位置に紙を置いた。

猫川　「さて、それではこの木について説明をしていただいてもよいですか？」

岩崎　「え？　この木の説明ですか？」

猫川　**「描いていただいた木がどういう木か、私に説明してもらえますか？」**

岩崎　「えっと、そうですね。まあ、実と言われて、リンゴを思いついたのでリンゴの木にしました。実がなっていて。……リンゴではありませんでしたが、小さい頃に、近所の公園にこういう木がありましたね。そのイメージかな。近所の公園にあった木でそれが重なっていたのかな」

猫川さんの思考プロセス

・リンゴは『実のなる木』といわれて一般的にイメージしやすいものを描いたのだろう。

・木は子どものときのイメージ。自分をイメージするときは子どものときの記憶が色濃く残っていたりするから、何かエピソードがあるのかもしれない。

・木の高さ、樹齢、場所、季節について、確認しよう。あと追加で穴のことを確認しよう。外傷にまつわるエピソードが語られるかもしれない。

ここがポイント！

●クライエントに描かれた絵について説明してもらうことで、クライエントの中のイメージと言語表現との差をアセスメントするのに役立つ。

●定例として検査者が訊くことにしている PDI の中から、何を訊いていくのかを調整する。

猫川　「この木はどのくらいの高さでしょうか？」

岩崎　「高さ、そうですね、結構大きいですよ。うーん、10m ほどかな」

猫川　「幹の幅はどのくらいですか？」

岩崎　「うーん。こう、両腕で抱えきれないくらい、それよりちょっと大きいかな」

猫川さんの思考プロセス

大きめの木だが、それでも全容は用紙には収まっている。用紙に収まるように岩崎さんが描いたのだろうか。

猫川　「樹齢はどのくらいでしょう？」

岩崎　「何年だろう、20、30年くらいかなあ」

猫川さんの思考プロセス

樹齢は岩崎さんの実年齢に近いから、自己イメージに近いものなのかな。

猫川　「どんな場所に生えていますか？」

岩崎　「この木はだだっ広い原っぱに、これがどんって立っている感じかな。昔は他にたくさん木があったのかもしれないけど、今はこの木だけって感じですかね。でも草みたいなのは生えてますよ。」

猫川さんの思考プロセス

１本だけ生えているというのが、一人でやれるんだぞという誇大的なイメージなのか、それとも周りから人が離れていってしまっていつの間にか一人でいるんだという孤独のイメージなのか。**感情にふれる内容を語りにくい人**なのかもしれない。

ここがポイント！

- PDI においてクライエントが語った情報と、絵から得られるイメージとを重ね合わせてみる。
- クライエントの自己イメージについての仮説をいくつか構築する。

猫川　「季節はいつごろをイメージしていますか？」

岩崎　「春かな。実がなる季節は秋なんですけど。イメージでいいんですよね？」

猫川　「はい、大丈夫ですよ」

岩崎　「うん、なんとなく春かなあ」

猫川　「幹のここにある丸は、どういうものでしょうか？」

岩崎　「幹によく空いている穴みたいなやつです。何となくここら辺にありそうかなって」

猫川　「なるほど。この穴はどういうふうにできたんでしょうね。イメージはありますか？」

岩崎　「そうですね。この木がもう少し小さい頃に、枝を人間に切られたんでしょうね。そのまま今はぽっかり空いている感じかな。普通、木にはありますよね」

猫川　「そうなんですね」

猫川さんの思考プロセス

・春は実をつける季節ではないけれど、それも分かったうえで、イメージとして話している。春というのは暖かくなる季節、植物が芽吹く季節というイメージだろうけど、一方で寒い冬に向かっていく秋を避けたのかもしれない。ここは分からない。

・穴についての説明もできている。**人間に枝を切られた痕（あと）ということは、何か過去の外傷体験が今もイメージされている可能性は高い**。動物が住み着くような語りもないし、かといって、穴について悪いイメージもないようだ。もし岩崎さんが過去に何らかの外傷体験を経験していても、彼の中で穏やかに思い返せる記憶として整理されているのかもしれない。いつ、その外傷体験があったのか、ヴィトゲンシュタイン係数[1]を算出してみよう。

ここがポイント！

●絵からのイメージで不足していた情報を補い、新たに仮説を組み直す。

●ヴィトゲンシュタイン係数のように、検査後に処理が必要な情報については、メモしておく。

猫川　「今、この木を眺めていて何か付け足したいものはありますか？」

岩崎　「うーん、特にはないですね。やっぱり絵を描くのは苦手かな」

猫川　「分かりました。苦手な中でよく描いてくださいましたね」

岩崎　「いっぱいいっぱいで描きました」と微笑む。

猫川　「そうしましたら、画用紙の裏に今日の日付とお名前をお書き下さい」

岩崎　「ここらへんでいいですかね」と言い、画用紙下部に西暦、年月日、氏名を一列に記載する。

猫川　「ありがとうございました」と用紙を受け取った。

---

1 ヴィトゲンシュタイン係数（Wittgenstein-Indexes）とは、幹のうろのような木の特徴を被検者の人生体験における外傷のサインとみなし、その時期を算出する手法。木の長さ（木の下部から天辺までの距離）をミリメートルで測り（h）、年月で表した描き手の実年齢（a）に換算する。その時に得られる指数（i＝h/a）を算出し、木の下部からその特徴までの長さを測定し、その指数で割ると、外傷体験の時期が推測し得るというものである。あくまで一つの指標として現在でも用いられている。

猫川さんの思考プロセス

特に付加物もなし。子ども時代のイメージや過去の外傷がこちらにありそうだけれど、情緒的には語られない。外傷の記憶によって社会生活は破綻していないともいえる。あと繰り返し「絵を描くのは苦手」と言ってるし、絵で自分自身を表現しきれないのかもしれない。

ここがポイント！

- 木の説明の中で、過去のエピソードや家族背景など、語りが出てくる場合には、事前情報とのつながりを意識する。
- 気になるクライエントの語りの特徴について整理しておくと解釈の際に役立つ。
- 描画を終えた後、表現したものを自身のものとして収めるために日付や氏名を書いてもらう。

猫川　「十分です。本日の検査はこれで全て終了です。お疲れ様でした」

岩崎　「こちらこそありがとうございました」

猫川さんは、岩崎さんに待合でお待ちいただくよう伝え、見送った。そして、カルテに実施した検査の記録を残した。

猫川さんの思考プロセス

検査結果の整理は別の日になるけど、忘れないうちに必要な情報はメモしておこう。

猫川さんによるメモ

・WAIS-Ⅳの後に実施、右利き
・「絵は苦手」とのこと。
・描順　幹（右のライン〈上→下〉→左のライン〈上→下〉）
　　　　⇒樹幹（右幹上部→左幹上部へ、雲型）
　　　　⇒実（リンゴ？　左側→中央→右側）
　　　　⇒穴
・所要時間　1分

4. P-F スタディを実施する

2月17日　17：30

猫川さんは待合室で待っている岩崎さんに声をかけ、心理室へ入ってもらう。

猫川　「岩崎さん、こんばんは。今日もよろしくお願いいたします」

岩崎　「よろしくお願いします」

猫川　「前回の検査はいかがでしたか？」

岩崎　「あれほど心理検査が疲れるものだとは思いませんでした。帰ってからもぐったりしてしまって。いつもより眠れました」

猫川　「本当にお疲れ様でした。本日は、前回説明しましたP-Fスタディという検査をしていきます」

岩崎　「はい。よろしくお願いします」

猫川　「まずやり方をご説明します」

猫川さんは岩崎さんとの間に、検査用紙とHBの鉛筆を置き、用紙の表面にある「やり方の説明」を読み上げる。

猫川　「では、ここに例があるので、吹き出しの中に書いてみましょうか」

岩崎　「わかりました」

岩崎さんは、スムーズに回答を記載する。

例への回答：「どこが間違っているというんですか？」

・なるほど、この場面は自分の非を責められたときの反応を見るものだけれど、謝罪ではなく、自分は間違っていないと訴えている。
・この姿勢はカルテにも記載していた岩崎さんの普段の態度と重なるものかもしれない。

ここがポイント！

●教示を伝え、例題を実施するときに、実施法が理解できているか、どのような反応か、クライエントの特徴が表れていないかを観察しておく。

猫川　「ありがとうございます。どうですか。やり方は分かりましたか」

岩崎　「そうですね。これは、自分だったらどうするかを書けばいいんですか」

猫川　「いえ、ご自身がどうするかではなく、ここに描かれている人だったらどのように答えるのかを書いてもらってもよいですか？」

岩崎　「この人が、でいいんですよね。分かりました」

猫川さんは、問題が24場面あることを確認する。

猫川　「それでは始めてください。分からないことがあれば聞いてください」

岩崎　「わかりました」

前半部（場面１～12）

〈岩崎さんの様子〉

・長考することはなく一定のスピードで書いていく。
・静かに取り組んでおり、各場面で少し考えながら記載している。
・文字は枠内に収まっており、丁寧に書かれている。
・漢字も文体も適切に用いられている。

問題番号	回答
1	どうしてくれるんだ！　弁償してください。
2	すみませんでした。
3	ちっ！　本当に邪魔だな。
4	困ったな。わかりました。
5	どのように使っていたのでしょうか。
6	この中から選びます。
7	客に対してその態度はなんだ！
8	明日は用事があるんです。
9	店長がいなくてもレインコートは出せるんじゃないですか？
10	僕は嘘なんかついていない！
11	わかりました。
12	その人の電話番号わかりますか？

猫川さんの思考プロセス

・文字は整っていて、列は乱れていない。吹き出しの枠もはみ出ていない。各場面をしっかり眺めて、想像しながら記載しているみたいだ。誤字も少ないし、基礎学力に目立って問題があるようには見えない。
・**文末に「！（感嘆符）」が多いのが気になる。**語気の強さを表しているのだろうが、意識的につけているのか、それとも無自覚につけているのか。後者の方が適切な自己主張が難しそう。
・場面に対する状況が理解できない人は検査者に対して質問することが多いけれど、各場面の状況についても質問がない。対人場面における状況理解はそこまで問題ないのだろうか。もしかすると、その場では分かっているつもりで書いていても、実は間違っているという場合もあるから、後でチェックしよう。

ここがポイント！

- 内容だけでなく、文字の流れや筆致、枠内に文字が収まっているか、などを観察する。
- 検査中に質問された場合、その場面におけるどの文脈が読み取りにくいのかをチェックする。
- 質問がない場合には、文脈を読み取ることができているのか、誤読しているけれども本人が気づいていないのかなど、後で採点した際に確認する。

後半部（場面13～24）

〈岩崎さんの様子〉

・前半と大きく変わるところはない。

・誤字や脱字も見られない。

問題番号	回答
13	次はいつがあいているのか教えてください！
14	寒いな。いつになったら来るのかしら。
15	次は頑張りましょう。
16	そちらもスピードを出していたじゃないか！　警察を呼びましょう。
17	どこにいってしまったんだ！　ない！
18	残念です。
19	急ぎの用があったんです。スミマセン！
20	こっちはこっちで楽しみましょう。
21	え！　そうなんですか。具合はどうですか。
22	全く何ともありません！
23	急いでいるのになぁ。用件は何か聞いてください。
24	いいですよ。捨てて下さい！

猫川さんによるメモ

漢字は正確に使用し、文法のミスはない。

場面理解のUスコアが0だった。

猫川さんの思考プロセス

対人場面は、最後まで問題なさそう。漢字や文法のミスはなく、知的な問題もないだろう。場面が理解できていないときに付けられるUスコアは0になりそう。ただ、場面を読み違えて反応している可能性もあるから、後で書かれた反応内容をきちんと確認してからもう一度判断しよう。

ここがポイント！

●漢字や文法の用い方から、知的能力を確認する。
●全体を通してUスコア（判定不能スコア）が現れるかどうかを確認する。
●判定が難しそうな反応がある場合には、課題を書き終えた段階で反応内容について確認する。Uスコアが0の場合にも、結果を整理する際に再度確認する。

猫川さんによるメモ

「！」が多い。

猫川さんの思考プロセス

・集中力には問題はなさそうだし、自身一人で取り組む課題にも最後まで取り組めそう。
・文末の「！」が相変わらず多い。しかも、相手の非を責めるような応答（場面16「そちらもスピードを出していたじゃないか！」）だけではなくて、相手に要求する場面（場面13「次はいつあいているのか教えてください！」）、謝罪の場面（場面19「急ぎの用があったんです。スミマセン！」）、相手への寛容さを示す場面（場面24「いいですよ。捨てて下さい！」）でもついている。何か主張するとき、**語気をコントロールすることが難しいかもしれない。言葉では謝罪や寛容さを示しても、本心はそうではないというのが漏れ出ているのかもしれない。**そうなると、会話はできていても、社会的な体面を保つことが少し難しい。内容分析は、検査後にしっかり見てみよう。

猫川さんによるメモ

結合スコア0。葛藤弱め。

猫川さんの思考プロセス

・いくつかのセリフを組み合わせた記載が少ない。意見はシンプルではっきり相手に言うのだろう。相手に対してどう伝えてよいかと葛藤したり、言いたいことを伝えるために言葉を重ねるということはなさそう。
・あまり対人場面での心理的な葛藤はないのかもしれない。

ここがポイント！

- 「！」のように文字以外で表現されている内容や、結合スコアなど、記載内容に被検者の特徴が表れていないか意識しておく。
- 書き方の特徴を、被検者の事前情報と重ね合わせて、仮説を立てる。

20分ほどで書き終える。

岩崎　「これでよかったですかね？」

猫川　「一度、確認させていただいてもよろしいですか」

岩崎　「はい、どうぞ」

猫川さんは各場面の反応を確認していく。

猫川さんの思考プロセス

あとでスコアをつけるときに悩みそうなところはないだろうか。場面12（「その人の電話番号わかりますか？」）は、後で他己解決のｅにつけるのか、自己解決のｉにつけるのか迷いそうだ。他に確認しておく場面はないだろうか？

猫川　「この場面の『その人の電話番号わかりますか？』という質問は、どのような意図で言ったのか、教えていただけますか？」

岩崎　「もしお店の人が自分のマフラーを持って行った人の連絡先を知っていたら、電話してもらえないかなあ、っていう感じですね」

猫川　「なるほど。じゃあ、できそうならお店の人に電話してもらえないかなあという確認ですね」

岩崎　「そうです、そうです」

猫川　「わかりました」

猫川さんの思考プロセス

なるほど、それなら他己解決のｅだ。ただスコアとしてはどうするか。言語反応としては曖昧だから、Ｕスコアとしておいて、ニュアンスとしては他己解決だから、解釈の際にｅが１つ増えるかもしれない。

ここがポイント！

- 後でスコアする際に迷いそうな内容についてはその場で本人に確認する。意図が分かったとしても、最初に記載されたスコア自体の変更はしない。
- 言葉で表現されていない意図がある場合、説明力が弱いことや自己表現が苦手かもしれないなどの仮説を立てることができる。

猫川　「あとそういえば、『！』を結構つけていますよね」

岩崎　「あれ、そうでしたか。（一緒に眺めながら）あ、ほんとですね。なんだろう、はっきり言いたい、みたいなのが僕は強いから、それが出ているんですかね」

猫川　「そうだったんですね」

猫川さんの思考プロセス

あまり自覚なく「！」を使っている様子。だとしたら、**普段の生活でも周囲と話す際に意図せず語気を強めてしまっている可能性はある。**

ここがポイント！

- 意図せずに行っている反応がある場合には、そこに注目し、普段の対人関係について仮説を立てる。

猫川　「そうしましたら、本日の検査はここまでになります、お疲れ様でした」

岩崎　「今日はこの前の検査に比べて楽でした。ありがとうございました」

猫川　「主治医にも検査結果をお伝えしますね。もし追加検査の必要があれば、ご連絡することがあるかもしれませんので、その際はよろしくお願いいたします」

岩崎　「わかりました、その時にはよろしくお願いします」

岩崎さんを見送り、猫川さんはカルテに記録し、すべての結果を整理する。

猫川さんの思考プロセス

・P-F スタディでは対人関係における特徴を見ることができるし、バウムテストでは自己像が見れる。しかし、感情のコントロールとか過去の対人関係パターンの影響とか、意識しきれていないパーソナリティの側面が今の社会生活での不適応に影響している可能性は、これだけでは分からない。**やはり、もう少しパーソナリティ検査をした方**

がいいかもしれない。

・本人が意識していないパーソナリティの要素を見るのであれば、ロールシャッハ・テストが適しているだろうけれど、院長がそこまで把握する必要があると判断するかわからない。**一度、院長に結果の印象を伝えてみて、相談してみよう。**

ここがポイント！

●パーソナリティ検査を一通り終えた段階で、クライエントのどの程度のことが把握できそうか見通しを確認し、必要な検査がないかどうか検討する。

●追加で検査を実施する場合には、追加で実施が可能かどうかを相談する。

5. ロールシャッハ・テストを実施する

後日、岩崎さんとロールシャッハ・テストすることになりました。紙幅の関係上、一部のデータとなっています。

また検査のやりとりの中で、猫川さんがどのようにその場の反応を見聞きして考えているのかにも注目してください。

※事前に院長とも相談のうえで、必要な検査を追加して実施することについて、岩崎さんにも確認し、改めて同意を得ている。

猫川「では、検査を始めていきましょう」

岩崎「はい、よろしくお願いします」

猫川「今日ご用意しているのはロールシャッハ・テストです。聞いたことはありますか？」

岩崎「なんとなくは。模様みたいなものを見るんでしたっけ？」

猫川「そうですね。これからお見せするのは、10枚の図版で、それらが何に見えるのかを教えてください」

岩崎「分かりました。何に見えるか……どんなものでもいいんですか？」

猫川「皆さん、いろんなものを見ますので、見えたものを見えた通りに教えてください」

岩崎「分かりました」

猫川さんの思考プロセス

導入はスムーズだ。この時点で不安が高まって質問が増える人もいるけれど、これまでの検査の流れもあるし、このまま始めても問題なさそうだ。

ここがポイント！

- ロールシャッハ・テストについて説明する段階で、クライエントがどのような反応を示すのかを確認する。
- 検査の性質として曖昧な刺激が多く、不安や緊張があまりに強い場合には、その日に実施可能かどうかを検討する。

反応段階

猫川さんがⅠカードを岩崎さんに手渡す。

猫川　「ではカードをお渡しします。両手で持って見てくださいね。何に見えますか？」

岩崎　「え、うーん。なんだろう……顔。ハロウィンのかぼちゃみたいな」

猫川さんは手元の記録用紙に、反応番号と反応内容の欄に、岩崎さんの言葉をそのまま記載していく。

岩崎　「これ、他にも言っていいんですか？」

猫川　「たいていいくつかに見えます。自由に見ていただいて、見えたものを教えてください」

岩崎　「はい」

猫川さんの思考プロセス

・顔反応か。ハロウィンのかぼちゃの顔ということは、娯楽物に変換できている。
・一般的によく見られやすい平凡反応は出なかったな。今後、もし顔反応が多ければ、対人関係において相手の表情を意識しやすい、さらにいうと対人緊張が強い可能性もある。
・まずⅠカードでいくつ反応数を出せるかは、全体の反応数を見通す手がかりになる。

ここがポイント！

- どのように言語反応が展開するか、クライエント像を想像しながら検査を進めていく。
- 包括システムでは、総反応数が14未満の場合、統計データに基づいた解釈が十分にできなくなるというルールがある。Ⅰカードで反応数が少ない場合にはクライエントを励ます必要がある。

岩崎　「うーん、コウモリ」

・平凡反応だ。どう見えたのか、後で聞こう。
・決定因子は、形態だけなのか、色彩に反応しているのか、運動はみているのか。まあ、多くは形態反応だけになる。後はどう続くだろう。

岩崎　「悪魔？」

どう見たうえで「悪魔」と答えたんだろう。さっきの反応の「顔」寄りなのか、「コウモリ」寄りなのか、それとも全く異なる人間のような形として見ているのか。これも質問段階で確認しよう。

岩崎　「地図」

対象から距離を置いて見るという意味合いの地図反応ということは、もしかすると**カードの刺激から距離を置こうとしているのかもしれない**。大体は輪郭に反応することが多いが、どこで地図と判断したのだろう。全体の形なのか、輪郭の一部だけを使ったのか、それともインクの濃淡に地図の高低さのようなものを見たのか。

●反応の一つ一つをどのようにクライエントが見ているのか、コーディングをするとしたらどのようにコーディングできるかをイメージしながら、記録を取る。
●見え方や体験の仕方が分かりにくいものについては、質問段階で確認できるようにする。

岩崎　「もうないかな」
猫川　「わかりました」

・４つ反応を出せていたらまずまずだ。全体で14反応は確保できるだろう。カードの自発的な回転（渡した向きとは逆方向から見たり、横から見たり）がないということは、従順なのか、思考の柔軟性が弱いのか。
・平凡反応は出ているけれど、対人緊張の高さや刺激から距離を置こうとするような反応があったから、この後の反応も要チェックだ。

ここがポイント！

●カードをどのように見るのかについてはクライエントの判断に任せられている。反応内容だけでなく、カードを回転させるかどうか、平凡反応を産出できるのかどうかなどを観察する。

猫川さんは図版を受け取り、Ⅱカードを手渡す。

猫川　「何に見えますか？」

……（同じように残りのカードも反応段階が続く）。

質問段階

反応段階の後、猫川さんが以下のように教示した。

猫川　「それでは、もう一度最初から見ていきましょう。答えてくださったものを私も同じように見たいと思いますし、同じように見えているかを一つずつ確かめていきます。先ほどの答えを読み上げますから、この図版のどこにそれが見えて、そのどこからそう見えたのかを教えてください。岩崎さんの見たように私も見たいのです。よろしいですか？」

岩崎　「そうか、まだ続くんですね。」と苦笑いし、「分かりました」と答えた。

猫川さんの思考プロセス

・質問段階の教示の際に多くの人がする反応だ。質問段階で、どのようなスコアがつくかを想像して、スコアに迷いそうなところは質問して、確認しよう。
・決定因子に関連するところは、スコアが付けられないので、ここできちんと確認しよう。

ここがポイント！

- 質問段階では、反応段階について、どう見えてそのように答えたのか具体的に説明してもらう。
- 検査者は、クライエントの説明を聞き、その体験をなぞりながら、同じようにカードから反応を見ることができるようにする。後で、コーディングで迷う可能性があるものについてはきちんと確認していく。

猫川　「まず、顔、ハロウィンのかぼちゃみたいな、とおっしゃいましたが、どのように見えたのかを教えていただいてもよいですか？」

岩崎　「顔ですね、ハロウィンのかぼちゃにこういう顔がありますよね。ああいう感じです」

猫川さんは岩崎さんの話す言葉をそのまま手元の用紙に記録していく。

猫川さんの思考プロセス

どの部分に着目してどう見えたのかを言葉でもう少し説明してほしいな。すぐにこちらで分かったという態度をとってしまうと、詳しい説明をしてもらえなくなる。もう少し説明してもらうように、別の反応を誘導しないようにしつつ、気を付けて促そう。

猫川　「岩崎さんがこのカードに、どういうふうにハロウィンのかぼちゃの顔を見たのか、私にも見えるように説明いただけませんか？」

岩崎　「はい。ここの白いところが目で、その下に口があります。こう笑っているような。それで顔の輪郭がこうあって。色は関係なくて、目と口と顔の輪郭とで、ハロウィンのかぼちゃに見えましたね。口は笑っている感じです」

猫川さんは、構造一覧表のロケーションチャートに各部位を囲んでメモしつつ、岩崎さんが話す言葉を記録しながら聞いていく。

猫川　「なるほど、よく分かりました」

猫川さんの思考プロセス

- 説明してくれてよかった。分かりやすく説明してくれたから、ロケーションチャートを記載しながら、記録を取っていてもそこまで大変ではない。**全体的に形態優位の説明だ。**
- 反応領域は全体で、空白も用いているからWS。発達水準は一つの対象を見ているからo。決定因子は運動反応がついているからM。運動反応がついたときには、その動きが積極的であるactive、消極的であるpassiveかをスコアするけど、「笑っている」

という動きは消極的の passive になるかな。
・形態水準も後で形態水準表を用いて確認しよう。反応内容はハロウィンのかぼちゃの顔だから、人間の一部分の反応にスコアする（Hd）。反応した内容の要素同士に関係性があるかを見るＺスコアは、空白部分が反応に関係しているから ZS がつく。Ｚスコアは、質問段階で判断しなくてもいいけど、わかりやすいやつは先につけておこう。
・特殊スコアは人間表象反応をつける基準を満たす。良性人間反応の GHR か貧性人間反応の PHR のどちらかになるけど、これは後に確認しよう。他の人間表象反応についても基準を満たすかどうか、すべて後で確認しよう。
・ハロウィンのかぼちゃは、笑っていてかつ、空想上の顔だから、やはり**他者から何か見られているんじゃないかとか、笑われているんじゃないかとか、気にしているのかもしれない。**

ここがポイント！

●検査者はクライエントの説明を聞きながら、カードをどのように体験し、反応したのか、追体験できるように説明を聞いていく。
●説明を聞きながら、下記のロールシャッハ言語と呼ばれるコードにどのようにコーディングできるのかをイメージしておく。コーディングはクライエントの説明が不十分だと、適切につけることができない。コーディングの際にどのコードか迷いそうなものをその場で確認しておく必要がある。
●反応領域：図版のどの領域に反応が生じたのかをコードする。W、D、Dd、Ｓのコードがある。
●発達水準：反応を特徴づける明細化や統合の質にコードする。o、v、+、v/+のコードがある。
●決定因子：反応する際に図版のどの特徴を用いたのかをコードする。形態や色彩、濃淡、あるいは運動など、さまざまな刺激に影響される。
●ペア反応：図版の対称性を用いて２つの対象を述べた場合に「２」とコードする。
●形態水準：「形態水準表」という指標を参考に統計的頻度をコードする。+、o、u、−のコードがある。
●反応内容：見えた内容について決められたカテゴリーからコードする。「架空の、あるいは想像上の人間の部分」を見ている場合には（Hd）となる。
●平凡反応：各図版で著しく高い頻度で出現する反応かどうかをコードする。平凡反応がある場合には、Ｐという記号を用いる。
●Ｚスコア：図版にある領域をどの程度、組織化しているかをコードする。ZW、ZA、ZD、ZS があり、各カードにおいて数値が決められている。
●特殊スコア：15種類あり、特異な言語表現がある場合に、基準に則ってスコアする。
●後でコードをどうするか決めても問題のないもの、基準となる表を見ないと数値ができないものについては、結果を整理するときに考える形でよい。

●仮説が立てられそうな場合には、メモしておくと解釈の際、役立つ。

猫川 「次はコウモリでしょうか」

岩崎 「コウモリは、中央が体で、頭があります。羽がついていて空を飛んでいる感じ。この羽と、黒いからコウモリという感じがして」

猫川 「そう見えたのですね、分かりました」

猫川さんの思考プロセス

・反応領域は全体（W）で、発達水準は一つの対象を見ている（o）。決定因子は動物が運動している反応（FM）で、反応内容は、動物の反応にスコアする（A）。発達水準がv以外の全体反応だから、Zスコアは全体反応につける（ZW）。

・多くの人に見られる平均的な反応がここで出るのは、最初の他者からどう見られるかという不安を統制できているのかもしれない。

猫川 「次に悪魔でしたね」

岩崎 「はい。悪魔は中央に身体があって、服を着ています。このラインがスカート（？）のような何かの服。大きな翼を広げています。ここに顔があるはずなんですけど、これは首までですね」

猫川 「分かりました。頭は見えないんですか、それともないんでしょうか？」

岩崎 「ここにないということは、最初からついていないのかもしれない。あるいはどこかでとれてしまったのか。よく分かりません」

猫川 「なるほど、ありがとうございます」

猫川さんの思考プロセス

・さっきのコウモリに近い見え方をしている。反応領域は全体（W）で、発達水準は「悪魔が服を着ている」という、2つの対象が関係している（+）。決定因子は、人間類似のものの動きを表現するもの（M）。

・「悪魔」は実在する生き物ではないから、反応内容は想像上の人間の全体反応をスコアして（H)、「服を着ている」とも話しているから衣類反応をスコアする（Cg)。

・Zスコアはインクの近接した領域に2つの対象の関係を見ている（ZA)。さて、問題は「頭のない悪魔」ということだな。顔がない、もしくはとれてしまったということは、元の状態から変化しているという点で、特殊スコアの損傷反応がつくだろう(MOR)。特殊スコアも質問段階でスコアしなくても大丈夫だけど、スコアの見通しがあると、解釈しやすい。先の顔反応から考えると、やはり他者から見られることに対する意識が強く、他者から自身に向けられる意識を否認しようとしているのかな。

スカートと言っているから女性に対してなのか。

ここがポイント！

●質問段階で、複数の仮説のうち、重なり合う要素や共通するパターンがあれば、より有力な仮説として成り立つ。

猫川「そして地図でしたね」

岩崎「下の輪郭のところだけ見て答えました。どこかの半島のラインみたいに見えたので。ちょうど反対側にも同じようにありますね」
指でその領域を指しながら説明する。

猫川「そこが半島に見えたのですね。分かりました。では次のカードに移りましょう」

猫川さんの思考プロセス

・インクの輪郭の一部に反応していて、濃淡には反応していない。反応領域は特殊部分反応（Dd）で、発達水準は形態のはっきりしない対象になる（v）。決定因子は形態のみ（F）で、反応内容は地理反応になる（Ge）。

・「反対側にも同じようにある」と答えているからペア反応（2）をつけて、発達水準がvだからZスコアはつけない。やはり顔やアクマなど、対人関係において何らかの怖さや不安があるのを、地図にしてしまうことで回避した印象がある。

ここがポイント！

●決定因子は、カードの形態のみを用いて地図を見ているのか（F）、濃淡の特徴を用いて地勢図のようなものを見ているのか（VやY）になるが、輪郭の一部だけを用いている場合には前者のFとなる。

●複数の反応がどのような流れで生まれているのか、その中でクライエントの情緒や不安がどのように処理されているのかについても仮説を立てる。

……（次のⅡ、Ⅲカードと同様に質問段階が続く）。

〈Ⅳカード〉

問題	向き	反応段階
10	Λ	動物の皮でできた絨毯（じゅうたん）。ふさふさ。
11	Λ	大魔王がこちらを見ている感じ。ゲームに出てきそうな。
		もうないです。

猫川さんはⅣカードを、岩崎さんと二人で眺めることのできる位置に置く。

猫川　「『動物の皮でできた絨毯』について、どのように見えたか教えてください。」

岩崎　「えっとですね、ここが頭で、手で、足で。動物の皮を剥(は)いで、毛皮にしたやつ。絨毯でこういうのがあるじゃないですか。ふさふさしたやつ」

猫川さんの思考プロセス

- Ⅳカードで「動物の毛皮」の反応はよくあるものだけれど、大事なのは、カードの濃淡に反応しているかどうかだ。
- まず反応領域は全体を使っていて（W）、発達水準は一つの対象を見ている（o）。反応内容は、動物部分反応（Ad）と家具反応（Hh）になる。Ｚスコアは全体反応でつけよう（ZW)。「剥いで」と言っているから特殊スコアの損傷反応（MOR）がつく。形態水準は後で、形態水準表を見て確認しよう。
- さて、質問段階で一番重要なのは「ふさふさ」がどこを見ているか。決定因子が輪郭からなのか、それとも濃淡からなのか。

猫川　「ふさふさとおっしゃいましたが、どのように見えたのかもう少し詳しく教えてください」

岩崎　「こうふさふさですよ。見えませんか？」

猫川　「このカードにおいて、どういうふうに『ふさふさ』に見えましたか？」

岩崎　「ほらこう、ふさふさ。なんて言うんだろう、全体的に？　うーん、あ、これかな（ブロットの輪郭をなぞる)」

猫川　「なるほど、それでふさふさしているように見えたのですね」

猫川さんの思考プロセス

言語化が難しそう。この説明だと決定因子は形態反応（Ｆ）になる。説明に少し時間がかかっていたし、材質反応（Ｔ）の可能性があるけれど、意識化できていない可能性もある。これ以上の説明は難しそうだから、形態反応でつけておいて、材質反応の可能性も考えておこう。

ここがポイント！

- 検査者がコーディングに迷う可能性のあるものについては、クライエントに確認する（今回は、「ふさふさ」が決定因子の中の材質反応（Ｔ）に該当するのかどうか)。
- クライエントが自身の体験の言語化が難しそうな場合には、検査者が言い換えたり、促したりはしない。

●コードにはしないが、潜在的に体験している可能性がある、とメモしておくと解釈の際に役立つ。

猫川　「次は、『大魔王がこちらを見ている感じ』でしたね」

岩崎　「そうです。頭で手で足で、大きな男が椅子に座っている。足を放り出して。こっちを見てくる感じ。偉そうな感じ」

猫川さんの思考プロセス

・Ⅳカードは、父親カードとも伝統的に言われていて、男性像が見えやすいカードだからよくある反応ではある。

・反応領域は全体に反応している（W）。発達水準は男と椅子という2つの対象が関係しあっている（+）。反応領域は非人間全体反応（H）と家具反応（Hh）、Zスコア2つのうちのどちらかがつくけれど（ZWかZA）、数値の高い方を採用するから、後で数値を確認しよう。

・決定因子は、一つは運動反応（M）がつくとして、もう一つ、「大きな」という立体をどこから見ているのか。インクの形態の大小なのか、濃淡からなのか？

猫川　「『大きな』というのはどう見えたのかを教えてください。」

岩崎　「大きい感じがして。なんだろうな。ほら足が大きいし、頭は小さいから、なんていうか遠近法？　みたいな。それにしてもあまりよくない感じがする、見られている」

岩崎さんは続けて、「これって、他の人はどんなふうに見ているんでしょうか。気になりますね。自分が見えているものは他の人が見えているそれと同じなのかな、確かめようはないんですけどね」と呟いた。

猫川さんの思考プロセス

・濃淡を用いない立体反応だな（FD）。それにしても「見られている」という言葉は、カードとの非現実的な距離の近さを感じる。Ⅰカードでも「顔」反応を見ていたし、他者から見られることに対する何らかの「恐さ」があるのかも。

・**質問後には、自分が見える世界についての不安も語っている。**WAIS-Ⅳでも同じようなことを話していた。自分の体験が他者とずれてしまう恐さや、どう見られるか分からない不安がこの検査場面でも起こっていそう。検査後には、警戒心過剰指標もチェックしてみよう。

ここがポイント！

- コーディングに迷う可能性があるものについては確認する（今回の「大きな」では決定因子の濃淡立体反応（V）や形態立体反応（FD）かどうか）。
- 各カードの性質や多くの人に産出されやすい反応について、事前に把握しておく。
- 他のカードによって立てた仮説や、他の検査で立てていた仮説と共通する部分があるか考える。
- 結果を整理する際に、どのコードに着目したほうがよいか、メモすると解釈の際に役立つ。

猫川　「それでは次のカードを見ていきましょう」

岩崎　「はい」

……（残りのカードも同じように質問段階が続く）。

質問段階がすべて終わる。この時点で始まってから1時間ほど経った。

猫川　「これですべての検査が終わりました。本当にお疲れさまでした」

岩崎　「ありがとうございました」

猫川　「どうでしたか」

岩崎　「あんまりうまく答えを出せなかったんじゃないかな。他の人がこれを見てどんな答えを言うのかが気になりますね。面白かったです」

猫川　「他の人の答えが気になるんですね」

岩崎　「まあ、知ることができないのも分かっているんですけどね。結果が楽しみです」

猫川　「それでは結果が出ましたら、院長にも共有させていただきます。フィードバックのお日にちを調整してもよろしいでしょうか」

フィードバックの日時を調整し、終了となる。

猫川さんの思考プロセス

WAIS-IVのときも、「みんな」の結果を気にしていたな。これは岩崎さんの特長といえるだろう。

ここがポイント！

- 複数の検査で共通するクライエントの言動は、クライエントの大きな特徴と考えられる。

第5章チェックリスト

□実施する検査の準備物を確認
□実施する検査の実施順を確認
□クライエントの身なりや振る舞いを確認
□実施する検査の内容や目的についてクライエントが理解しているかを確認
□心理検査の実施についてクライエントの同意を得られているかを確認
□各検査の実施法について確認
□各検査の実施中のクライエントの言動を確認

第6章

解釈から所見を完成させるまでの思考プロセス

第5章では、心理職とクライエントとのやりとりを提示し、心理検査を実施しているときの思考プロセスについて書きました。第6章では、実施後の結果から所見を作成するまでの思考プロセスについて見ていきます。なお、スコアリングは省略しています。

1. 事前情報をまとめて、見立てる

猫川さんは、各検査が終わった後、スコアリングと解釈をする前に、事前情報をまとめることにした。

【問診票からの情報】
・精神科に積極的に受診しており、治療意欲は高い。
・神経心理学的な心配はなく、知的能力も低くなさそう。
・家族関係は不明。
・現状を正しく伝えられている。

【カルテからの情報】
・主訴・診断名・処方のいずれも一致している。抑うつが主症状といってよいだろう。
・一人暮らしをして、同じ会社で10年勤められる程度の社会適応はある。
・仕事や会社への不満は客観的に理解できないものではないが、全て妥当とも思いにくい。
・不満は訴えるが、現状に対処する行動は起こしていない。
・恋人の有無や親しい友人がいるかどうかは不明。
・家族は遠方に住んでおり、関係は悪くないようだが、困ったときに頼れるほどの関係性ではない。

猫川さんの思考プロセス

・会社への不満について、妄想的ではないし、現実検討力は高いといえる。だけど、全て合理性のある意見だともいいがたい。物事をどのようにとらえる傾向があるのか、不満への対処はどのようにしているのかは後で心理検査の結果と併せて考えよう。

・岩崎さんの人間関係の築き方と職場の上司や同僚への不満は関係があるかもしれない。治療意欲が高いにもかかわらず、不満に対する対処行動がとれていないのはなぜなのか、それもわかるといいな。

ここがポイント！

●複数の事前情報を統合して、仮説を立てると同時に、不足している情報も認識しておく。

●クライエントの語りに見られる矛盾点や問題点を明確にする。

【事前の心理検査（SDS）の結果】

・中等度抑うつ性あり。

・重篤な精神症状はなく、身体症状も感じていない。

・誠実に回答している。

・初診のときからイライラしたり、不満を感じたりしていたが、当初は困りごととして訴えていなかった。

猫川さんの思考プロセス

抑うつが主症状であり、治療のターゲットであることは間違いないけど、何に起因しているかが不明瞭だな。SDSで得点がついたいくつかの症状を診療では訴えていない。それなりに自分の状態や訴えを言葉にできているところもあれば、十分に言語表出できていないところもあるようだ。

ここがポイント！

●検査者が直接実施していない心理検査の結果も総合所見の中に組み込む。

【院長と話した際のメモまとめ】

・不満を訴えるものの具体的な対処についての提案も却下するため、支援の方針が定まらない。

・身体症状は改善傾向。

・服薬調整よりも、カウンセリングなど他の手立てを検討したい。

・薬や通院に頼っており、具体的な対処をとらないものの、困りごとは伝わってくる。

猫川さんの思考プロセス

半年以上通院していて、このタイミングで心理検査がオーダーされた理由がわかってきた。来院頻度は高いままだし、不満も大きくあって、院長もなんとかしてあげたいという思いはあるものの、どのような治療方針を立てたらいいか迷いがあるのだろう。今回の心理検査は院長が治療方針を決めるための補助だな。

ここがポイント！

●心理検査の目的を意識する。

【受付スタッフの印象】

・関係を築いていない他者には、挨拶をするなどよい印象。

猫川さんの思考プロセス

受付スタッフも岩崎さんにネガティブな印象はないようだ。勤続年数は10年と長いから、人間関係はある程度円滑に保つことができる人なのだろう。ただ、院長には上司や同僚への不満を多く訴えることを考えると、人間関係の関わりが増えた際は、不満の表出が多くなるのかもしれない。

ここがポイント！

●事前の情報の中での矛盾点を明確にしておく。

●心理検査の結果で特に着目するところを意識する。

【事前情報から明らかになっていること】

・主症状は抑うつと中途覚醒。

・上司への不満は、急に仕事を振られること、無理な期日にもかかわらず守れなかったら怒られること、仕事をうまく進めても褒めてもらえないこと。

・同僚には、岩崎さんの不満に同意してもらえないことに不満を抱いている。

・本人は強く困っている様子。

・言語のやりとりは問題なく、意志疎通も取れている。社会性もある。

【事前情報ではわからなかったこと】
・家族関係の詳細。
・親しい人間関係の有無。
・本人が現状に対してどうしていきたいか。
・症状出現前後の環境や生活変化の有無。

ここがポイント！

●事前情報で分かっていること、分からなかったことを明確にする。
●見立てをする際には、解釈や所見に検査者の主観や思い込みが入らないように気をつけなければならない。

【事前情報からの見立て】
・重篤な精神症状が隠れている可能性は極めて低く、社会適応も良い。現在の抑うつ症状や中途覚醒の原因が精神疾患によるものである可能性よりも、パーソナリティ傾向や環境への適応が難しいことによって生じている可能性が高いだろう。
・言葉でのやりとりは十分に行え、誇大表現やごまかしている可能性も低い。しかし、実際の思いと、言語表現とが一致していないところがあるかもしれない。
・誰かに助けてほしいという気持ちが大きい一方で、それが適切に表現されておらず、身近な人間関係よりも専門機関の方が頼りやすいようだ。
・経済力や生活力はある程度保てているだろう。

ここがポイント！

●事前情報を集めて、見立てる作業は非常に重要。しかし見立ては必ずしも正しいとは限らないことをふまえておく。
●検査前の情報からの見立ては、結果を整理したり解釈する際に、多角的で立体的な人物像を描き出すための基盤となる。

【実施予定の心理検査】
・軸となる検査はWAIS-Ⅳ。
・補助となる検査はP-Fスタディ。
・岩崎さんの了承が得られればバウムテストを実施する。

【心理検査の目的の確認】
・言語能力や認知能力、作業能力の得意・不得意のバランスを見たい。
・岩崎さんの能力面と仕事内容とがマッチしているか。
・パーソナリティ傾向がどうなっているのかが気になる。
・対人関係において不満が溜まればどのように対処する傾向にあるか。
・無意識的な自己像。
・エネルギーをどのように処理しているのか。
・カウンセリング適応かどうか。

猫川さんの思考プロセス

・岩崎さんの言語能力や認知能力、作業能力の程度と、それらが仕事とマッチングしているかは、軸となるWAIS-Ⅳによってわかる。
・対人関係においての不満に対する対処法の傾向は、P-Fスタディによってわかるだろう。
・パーソナリティ傾向や無意識的な自己像は、バウムテストでわかる。
・カウンセリング適応は、WAIS-Ⅳ、P-Fスタディ、バウムテストの結果を総合的に見て考えたい。
・エネルギーをどのように処理しているかは、WAIS-Ⅳとバウムテストで、わかるところもあるが、もしかしたら十分にわからないかもしれない。
・予定している検査を全て実施して、さらに情報が必要と判断すれば、他の心理検査を提案する可能性もあるだろう。

ここがポイント！

●検査の目的と実施予定の検査でわかることとが一致しているかどうかを確認する。
●各検査の特徴を再確認し、検査でわかることの限界も把握しておく（第1章参照）。

2. WAIS-Ⅳの検査結果からわかること

※解説の詳細を確認したい方は、『日本版WAIS-Ⅳ実施・採点マニュアル』（2018、日本文化科学社）、『エッセンシャルズ WAIS-Ⅳによる心理アセスメント』（2022、日本文化科学社）を参考にしてください。

心理検査の目的のうちWAIS-Ⅳで明らかにできるのは『言語能力や認知能力、作業能力の得意・不得意のバランスを見たい』と『岩崎さんの能力面と仕事内容とがマッチしているか』の2つ。まずは、プロフィール分析、内容分析、行動観察を見ていこう。

ここがポイント！

●検査目的を確認し、所見を書く方向性を決める。

プロフィール分析

合成得点プロフィール

全検査 FSIQ	言語理解 VCI	知覚推理 PRI	ワーキングメモリー WMI	処理速度 PSI
105	115	97	106	90

猫川さんの思考プロセス

全検査IQ（FSIQ）は105で信頼区間が101～109だから、平均域の知的水準になる。だけど、４つの指標得点の中で一番高い数値が、「言語理解（VCI）」の115で、一番低い数値が「処理速度（PSI）」の90で、その差が25ある。「言語理解」と「知覚推理（PRI）」の差が18だから、GAIの算出をしてもいい。

ここがポイント！

- 合成得点は85～115が平均域となる。信頼区間は誤差の範囲を示している。
- ４つの指標得点の中で、最高値と最低値の差が23以上の開きがあると、全検査IQは解釈できない。その場合には、一般知的能力指標のGAIを算出する。
- GAIは「言語理解」と「知覚推理」の差が23以上の場合には、解釈できないとされている。

GAI　107（信頼区間：102～111）　パーセンタイル　68
全検査IQ（105）－GAI（102）＝－2　有意差なし

猫川さんの思考プロセス

・GAIと全検査IQの有意差はなく、全体的な能力を示せる有効な数値はない。でも、合成得点が全て85から115までの範囲には収まっているから、平均的な知的水準であるといって問題ないだろう。
・平均的な知的水準でも、得意・不得意の差が大きい。社会生活や日常生活の中で困難が生じる可能性が高いといっていいだろう。問題はどのような困難が生じるかだ。

ここがポイント！

- GAIと全検査IQに有意差があれば、GAIを参考にする。
- 合成得点間の差が大きいということは、得意・不得意の差が大きいということ。

下位検査の評価点プロフィール

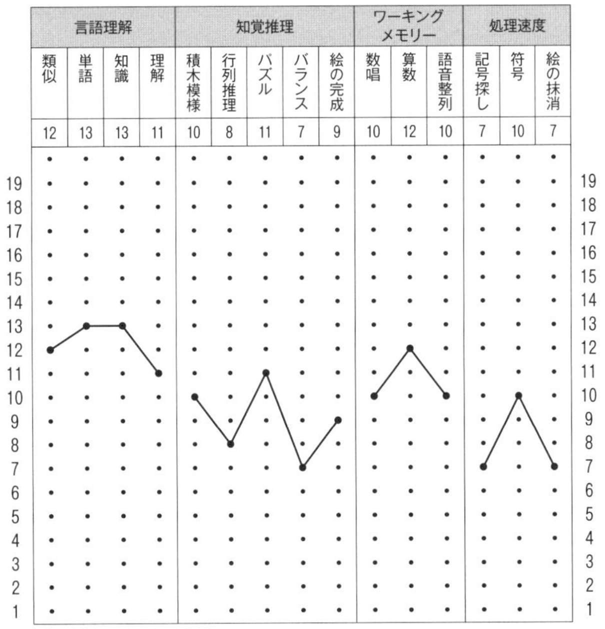

言語理解				知覚推理					ワーキングメモリー			処理速度		
類似	単語	知識	理解	積木模様	行列推理	パズル	バランス	絵の完成	数唱	算数	語音整列	記号探し	符号	絵の抹消
12	13	13	11	10	8	11	7	9	10	12	10	7	10	7

猫川さんの思考プロセス

『言語理解』を構成する下位検査間の差は1。「知覚推理」を構成する下位検査間の差は3。「ワーキングメモリー（WMI）」を構成する下位検査間の差は2。「処理速度」を構成する下位検査間の差は3。全ての指標得点の数値が解釈できる。

ここがポイント！

- 指標得点間の差を見る前に各指標得点を構成する下位検査に差がないかを確認する。構成する下位検査間に5以上の差があると、指標得点を解釈できない。

ディスクレパンシー比較									
指標／下位検査	比較	得点1		得点2		差	判定値：.15	有意差	標準出現率
指標レベル	VCI-PRI	115	−	97	=	18	7.48	あり	11.3
	VCI-WMI	115	−	106	=	9	6.48	あり	27.3
	VCI-PSI	115	−	90	=	25	7.79	あり	8.1
	PRI-WMI	97	−	106	=	−9	7.78	あり	27.2
	PRI-PSI	97	−	90	=	7	8.9	なし	
	WMI-PSI	106	−	90	=	16	8.08	あり	16.1
下位検査レベル	数唱-算数	10	−	12	=	−2	2.08	なし	
	記号探し-符号	7	−	10	=	−3	2.48	あり	15.8

4つの指標得点の平均点	102

猫川さんの思考プロセス

・数値が一番高い指標得点が「言語理解」の115で、次に高いのが「ワーキングメモリー」の106。この２つのディスクレパンシー比較を見てみると、有意差がある。でも、標準出現率は27.3だから、それほど大きな差ではない。悩むけど４つの指標得点の平均からも13高いし、有意差もある。岩崎さんにとっては一番得意な領域といっていいだろう。
・言葉を理解したり、言葉で表現したり、言葉の知識を蓄えておくことが一番得意といえるだろう。
・一番得点が低い指標得点が「処理速度」の90で、次に低いのが「知覚推理」の97。この２つをディスクレパンシー比較で見てみると有意差はない。４つの指標得点の平均との差は、「処理速度」が12で「知覚推理」が５。「知覚推理」は有意差なしだから、はっきり苦手と言えるのは「処理速度」だけ。
・単純な視覚情報を素早く正確に判断して、その結果を書くことが苦手なようだ。

ここがポイント！

● 有意水準は基本的に.15を用いるが、合成得点間の差が大きい場合には.05を用いる。
● 標準出現率も見て、指標間の差が大きいかどうかを判断する。例えば、標準出現率が20%ということは、５人に１人の割合で出現する「差」ということになる。
● ４つの指標得点の平均を算出しておくと[1]、より得意・不得意を明らかにしやすい。
● 一番数値が高いところを「得意」とするのではなく、他の数値との有意差や標準出現率、４つの指標得点の平均との差を見て、「得意」なものを判断する。
●「言語理解」は、言語刺激を処理する力、言語概念、事実的知識が蓄えられているかを測定しており、言葉による説明や表現する力も見ることができる。
● 一番数値が低いところを「苦手」とするのではなく、**他の数値との有意差や標準出現率、４つの指標得点の平均との差を見て、「苦手」なものを判断する。**
●「処理速度」は、単純な視覚情報を素早く正確に判断して、その結果を正確に書く力を測定している。「速く正確に」回答するように教示され、プレッシャーのある中で、正確かつ円滑に処理することが求められる。

1 算出方法は、E・O・リヒテンバーガー、A・S・カウフマン著・上野一彦訳『エッセンシャルズ；WAIS-Ⅳによる心理アセスメント』（日本文化科学社、2022年）p. 214 参照。

強みと弱みの判定									
合成得点	下位検査	評価点		評価点平均		平均との差	判定値：.15	強み／弱み	標準出現率
言語理解	類似	12	−	12.7	=	−0.7	1.73		
	単語	13	−	12.7	=	0.3	1.56		
	知識	13	−	12.7	=	0.3	1.52		
知覚推理	積木模様	10	−	9.7	=	0.3	1.92		
	行列推理	8	−	9.7	=	−1.7	1.76		
	パズル	11	−	9.7	=	1.3	1.87		
ワーキングメモリー	数唱	10	−		=		2.16		
	算数	12	−		=		2.55		
処理速度	記号探し	7	−		=		3.33		
	符号	10	−		=		2.04		

猫川さんの思考プロセス

強みと弱みの判定でＳやWがつくものはない。下位検査間のばらつきは大きくないし、この部分からは解釈することはできなさそう。Keith 因子[2]を出してみよう。

ここがポイント！

- 「言語理解」と「知覚推理」に有意差がある場合には、評価点平均は「言語理解平均・知覚推理平均の差」を用い、「言語理解」と「知覚推理」のみ判定する。
- ＳやWが複数ついた場合には、それらの下位検査に共通する能力を検討する。１つしかついていない場合、その下位検査に特化した能力についての解釈を避ける。
- ＳやWがついた場合には標準出現率も考慮し、クライエントの事前情報と合わせて得意・不得意の程度やその根拠を推測する。

Keith 因子	数値	平均からの差	有意差（.05）
結晶性知能（単語＋知識）	116	17	あり
流動性推理（行列推理＋バランス）	87	−12	あり
視覚処理（積木模様＋パズル）	102	3	なし
短期記憶（数唱＋語音整列）	100	1	なし
処理速度（符号＋記号探し）	90	−9	あり
５因子の平均	99		

2 算出方法は、E・O・リヒテンバーガー、A・S・カウフマン著・上野一彦訳『エッセンシャルズ；WAIS-IVによる心理アセスメント』（日本文化科学社、2022年）p. 215 および pp. 448〜451 参照。

猫川さんの思考プロセス

・「結晶性知能」はここでも高い。長期記憶に蓄えられている一般的知識が豊富だといっていいだろう。言語能力は岩崎さんにとって大きな強みだ。

・「流動性推理」が有意に低くて「処理速度」とほとんど同じ値だ。さっきは「処理速度」だけが苦手だと思ったけど、岩崎さんが苦手なのは、「処理速度」と「流動性推理」だな。初めて見る課題に対して、論理的に思考したり推理したりして答えを導きだすことが苦手なのだろう。

ここがポイント！

●「結晶性知能」は、個人が長年にわたる経験、教育や学習などから獲得していく知識であり、言語能力は結晶性知能と強く関連する。

●「知覚推理」は「流動性推理」と「視覚処理」に分けることができる。

●「流動性推理」は視覚情報から概念情報を抽象化して、帰納的、演繹（えんえき）的、量的推理のような抽象的思考を用いて新奇の課題解決できる力を測定している。

猫川さんの思考プロセス

臨床クラスターはどうなっているだろう。数値を算出してみよう[3]。

ここがポイント！

●単一の下位検査の評価点は誤差要因の影響を強く受けるため、単一の下位検査結果を用いて仮説を立ててはいけない。

●臨床クラスターを算出することで、合成得点以外にも複数の下位検査結果を用いた仮説を立てることができる。

---

3 算出方法は、E・O・リヒテンバーガー、A・S・カウフマン著・上野一彦訳『エッセンシャルズ；WAIS-IVによる心理アセスメント』（日本文化科学社、2022年）pp. 221～225 および pp. 464～484 参照。

臨床クラスター	数値
視覚運動速度（積木模様＋符号＋記号探し）	93
視覚運動速度を伴わない問題解決（行列推理＋パズル＋絵の完成＋バランス）	93
知的操作（語音整列＋数唱）	100
知的操作（数唱：逆唱＋数唱：数整列）	94
言語性流動性推理（類似＋理解）	108
語の知識（単語＋類似）	113
一般的知識（理解＋知識）	110

猫川さんの思考プロセス

・「語の知識」がやや高くて、「言語性流動性推理」がやや低い。「言語理解」は岩崎さんにとって一番得意な領域だけど、語彙の知識は豊富であっても、その知識を使って十分に推論し、筋道を立てて話すことは少し苦手なようだ。

・「視覚運動速度」と「視覚運動速度を伴わない問題解決」が同じ93。視覚情報を知覚して処理することも、それを迅速に手を動かす運動に移すことも同じ力でできるから、どちらかが妨げになっているということもない。

・「知的操作」は「語音整列＋数唱」と「数唱：逆唱＋数唱：数整列」で数値がやや異なるけど、これだけではよくわからない。記憶に関して分かることといえば、聞いたことをすぐに記憶して維持することは難しいけど、意味づけを行いながら、何度も練習した結果、知識を貯蔵することはできるといえるだろう。

ここがポイント！

●「語彙の知識」は、正しい語の意味が理解できているかどうかを測定する。

●「言語性流動性推理」は、帰納的に筋道を立てて話すことができるかどうかを測定する。

●「視覚運動速度」は、視覚運動協応と処理速度のスムーズさを測定する。

●「視覚運動速度を伴わない問題解決」は流動性推理及び視覚空間の問題解決力を測定する。

●「処理速度」が低い場合、「視覚運動速度を伴わない問題解決」がどの程度影響しているかを検討し、「処理速度」が低い要因について、仮説を立てる。

●「知的操作」は能動的に意識的に情報を維持し、頭の中での作業や操作を行う能力を測定する。

●「知的操作」は短期記憶に関連していて、「語の知識」や「一般的知識」は長期記憶に関連している。

プロセス分析

ディスクレパンシー比較［評価点］

比較	差	有意差
積木模様－［積木模様：時間割増しなし］	10－10＝0	なし
［数唱：順唱］－［数唱：逆唱］	11－9＝2	なし
［数唱：順唱］－［数唱：数整列］	11－9＝2	なし
［数唱：逆唱］－［数唱：数整列］	9－9＝0	なし

猫川さんの思考プロセス

・評価点のディスクレパンシー比較はどれも有意差なし。「積木模様」の得点は、時間による影響はない。臨床クラスターでも、「視覚運動速度」と「視覚運動速度を伴わない問題解決」が同じ数字だったから、課題解決の時に運動反応が良くも悪くも影響はしていないといえるだろう。

・評価点だけを見ると「数唱：順唱」が「数唱：逆唱」「数唱：数整列」よりも少し高いけど、有意差が出るほどではない。同じくワーキングメモリーを測定する「語音整列」が評価点10で、これも同じような数値だ。臨床クラスターの２つの「知的操作」の数値に差が出たのは、ワーキングメモリーを測定する下位検査の中でも比較的得点が高い「数唱：順唱」「語音整列」と低い「数唱：逆唱」「数唱：数整列」に分かれるからだな。

ここがポイント！

●積木模様と［積木模様：時間割増しなし］の差を見ることによって、時間的制限が与える影響の大きさを見ることができる。

●「数唱：順唱」「数唱：逆唱」「数唱：数整列」の得点差を確認することで、記憶のプロセス（登録・保持・操作）のどこに困難さがあるかを見ることができる。

標準出現率への換算

プロセス得点	最長スパン	標準出現率
［数唱：順唱の最長スパン］	8	22.7
［数唱：逆唱の最長スパン］	5	71.7
［数唱：数整列の最長スパン］	5	88.6
［語音整列：最長スパン］	5	78.4

ディスクレパンシー比較【最長スパン】

比較	差	標準出現率
[数唱：順唱の最長スパン]－[数唱：逆唱の最長スパン]	8－5＝3	13.4
[数唱：順唱の最長スパン]－[数唱：数整列の最長スパン]	8－5＝3	6.2
[数唱：逆唱の最長スパン]－[数唱：数整列の最長スパン]	5－5＝0	

猫川さんの思考プロセス

・「数唱：順唱」の最長スパンが同年齢集団と比較しても長いし、他の最長スパンに比べて有意に長く、標準出現率も低い。ディスクレパンシー比較の標準出現率も低い。
・評価点での比較では有意差がでなかったのに、最長スパンで差が出るということは、1点がついているところが多いのかも。「数唱：順唱」の回答パターンを確認しよう。

ここがポイント！

●「順唱」「逆唱」「数整列」は、回答のパターンにばらつきがある（1点がついている）場合でも一般的な回答パターンのクライエントと同様の評価点となり得る。
●「順唱：最長スパン」「逆唱：最長スパン」「数整列：最長スパン」のディスクレパンシーを見ることで、「数唱」課題のプロセス得点間のディスクレパンシーと同様に解釈することができる。

[数唱：順唱][数唱：逆唱][数唱：数整列]

pp. 65～68参照。

猫川さんの思考プロセス

やっぱりそうだ。「数唱：順唱」だけ1点が多い。しかも1点の時は毎回第1系列を正答して、第2系列が誤答だ。こういう回答パターンの場合、注意を保つことが難しいことが多い。だけど集中力は途切れていないようだ。

ここがポイント！

●第1系列での失敗が多い場合には、課題の変化への適応や認知の切り替えが困難な可能性がある。
●第2系列での失敗が多い場合には、注意・集中の維持が難しい可能性がある。

内容分析

次は回答内容を解釈します。誤答のパターンや検査者からの声かけへの反応などからクライエントの特徴を見立てます。

(1) Q（クエリー）

「類似」

問題	回答	得点
6	エンジンを使う〈Q〉乗り物	2
8	えー？　有機物ですよね？　〈Q〉えー……ないですよ	0
13	身に着けるものですよね？　学校で〈Q〉自分を示す、名前とか	1
18	人間の行動ですね〈Q〉えー、他に……？　必要なものとか？	1

「単語」

問題	回答	得点
11	ものを使うこと〈Q〉えー？　使う？　使ってなくしてしまう	2
13	招いて集めること〈Q〉会議とかに招いて集める	1
19	抽象的でないこと〈Q〉えー？　詳しく、具体的？　それ以上ありますかね	0

猫川さんの思考プロセス

Q（クエリー）をされると「えー」と感情を表出するが、別の言葉で表現しようとはする。だけど、得点は伸びなかった。

ここがポイント！

- Q（クエリー）の後の回答によって得点が伸びる場合には、自ら的を得た回答をすることは困難であっても、他者から質問されることで求められていることに応じ得る可能性を示唆している。
- クエリーの後も回答が変わらなかったり、得点が伸びない場合には、語彙力が不足していたり、言葉を足したり言い換えたりすることが苦手な可能性が高くなる。

(2) P（促し）

「行列推理」

問題			反応	得点
15	P	45秒で回答	「うーん……」	0
16	P	60秒で回答	「えー？」	1
17	P	55秒で回答		1

19　P	53秒で回答	「えー……」	0
20　P	56秒で回答	「こうで、こうで……」	0

「パズル」

問題	回答時間	得点
14　P	20秒	1
15　P	25秒	1
17　P	27秒	1
18　P	28秒	1
19　P	20秒　「難しいんだよな」	1
20　P	45秒　OT	0
21　P	40秒　OT	0
22　P	43秒　OT	0

「バランス」

問題	回答時間	得点
15　P	38秒　「えー……」	1
17　P	35秒　「これかな……」	0
18　P	37秒　「えー！？」	0
19　P	50秒　OT	0

猫川さんの思考プロセス

問題が難しくなってくると考える時間が長くなって、「促し」が増える傾向にあるけど、これは岩崎さんはしっかり考える人だからだろう。促しに対して、「行列推理」では多少反応があったけど、それ以外は特に反応されることはなく、また焦る様子も見られなかった。マイペースなのかもしれない。

ここがポイント！

- 「促し」をすると焦って回答をする場合には、人からの働きかけに緊張しやすい可能性があるといえる。
- 「促し」をしても無反応かつ長考する場合、課題に集中して取り組むことができる一方で、他者への反応が薄くなる可能性が高い。
- 「促し」をした際に、「ちょっと待ってください」など自らの状況を言葉で伝えることができる場合、適度な社会性やソーシャルスキルを身に着けている可能性が高い。

⑶　DK（「わからない」という反応）

なし

猫川さんの思考プロセス

わからない問題でもなんとか答えようとしていた。自分で課題を解決したいという意欲やあきらめずに考え続ける力がある。一方で、「わからない」と素直に表現することに抵抗があるようにも感じる。

ここがポイント！

- DK が多くつく人は、知識や理解が不足していたり、自分で課題解決のための探索する力が弱かったり、モチベーションを保つことが難しかったり、分からない問題に対して粘って考えようとする力が弱かったりする。
- 「間違えたくない」「間違えてはいけない」といった考えやすい人は DK がつきやすい。
- 選択肢がある課題では、DK はつきにくい。

⑷　NR（無反応）

「算数」

・問題21、22

「知識」

・問題23

「絵の完成」

・問題９、14、15、16、17

猫川さんの思考プロセス

・NR が３つ以上ついたのは「絵の完成」だけ。でも、この課題は時間制限が短く、促しもしないため、NR がつく人は多い。今までの仮説を踏まえれば、岩崎さんはじっくり考えるタイプだから NR がつくのだろう。

・「算数」や「知識」は DK（「わからない」）がつきやすいけれど、岩崎さんは、『わかっていなくても答えたい』という気持ちが大きいから、こういうときでも「わからない」と言えず、頭の中に浮かんでいる言葉をそのまま口にしてしまう傾向にある。

ここがポイント！

●NR は、「わからない」と答えられない人や意思表示ができない人や、検査に対して反抗的な態度の人、不安が高かったり自信がなかったりする人に多く見られる。

●１つの下位検査に２回以上無反応があると、珍しいとされている。しかし、「絵の完成」は NR がつきやすい。

⑸　SC（自発的な訂正）

「パズル」

・問題７で即答したものの、すぐに自己訂正し正答した。

猫川さんの思考プロセス

「パズル」は選択肢がある課題のため、自己訂正が生じやすい。問題16は開始問題３つ目で、回答時間も５秒以内と速い。きっと衝動的に答えてしまったのだろう。他にそういった傾向は見られないから、これだけで衝動性が高いとは言えない。

ここがポイント！

●SC がつくのはセルフモニタリングの力が高い（自分でミスや間違いに気づきやすい）人という解釈ができたり、衝動的に回答したという解釈もできる。

●選択肢がある問題や積木模様のように答えた後も、視覚情報が見えていると生じやすい。

⑹　R（問題のくり返し）

「算数」

・問題12、13、15、17、19、20、21

猫川さんの思考プロセス

・「算数」で R がつくことは珍しくないが、ちょっと多い気はする。でも「数唱」や「語音整列」の評価点も平均だし、聴覚情報への注意・集中にはばらつきがあるのかも。

・「算数」以外ではRがつかなかったし、教示や問題に関しても聞き返しはなかった。1回できちんと聞き取り、内容も理解できている。「ワーキングメモリー」も「言語理解」も問題はなさそうだ。

ここがポイント！

●「R」がつく場合には、ワーキングメモリーとの関係を考慮する必要がある。

●教示の段階で「R」が付く場合には、1度の説明では言葉の意味が理解できなかったり、不安や強迫を背景にした確認のための行動であったりする可能性がある。

(7) OT（制限時間を過ぎて回答）

「積木模様」

・問題14

「算数」

・問題19、21、22（問題19のみ制限時間後に回答し、誤答）

「パズル」

・問題20、21、22

「バランス」

・問題19

「絵の完成」

・問題9、11、14、15、16、17（問題11のみ制限時間後に回答し、正答）

猫川さんの思考プロセス

・制限時間が設けられている各課題でOTがついている。「算数」の問題19、「パズル」の問題20、「絵の完成」の問題11は正答できている。

・これまで仮説を立ててきたように、岩崎さんはじっくり考えるタイプだから、制限時間がなければ、もう少し点数が上がっていた可能性がある。

ここがポイント！

●OTは正答しても得点にはならないが、制限時間後に正答していたかどうかは、解釈をするうえでは重要。

●制限時間後に回答をしている場合、制限時間内に思考を完了することが難しいといえる一方で、長考することができるともいえる。

●制限時間後の回答が正答であった場合、制限時間がなく、自分のペースで考えることができれば、力を発揮することができる。

行動観察

次は行動観察を解釈します。記録用紙にメモしたことを参考に、プロフィールの数値や内容分析の解釈の裏づけをしていきます。

猫川さんの思考プロセス

・教示はしっかり理解できている。
・数値でも「言語理解」が一番高くて、「平均の上」の水準だったし、内容分析でも教示へのRがついていなかったから、言葉を聞いて理解する力が十分なのは間違いなさそうだ。

ここがポイント！

●教示への聞き返しや確認があるか、教示に従えているかということや、「言語理解」の数値や内容と合わせて、言葉を聞いて理解する力について判断する。

「類似」

・言葉は知っているが、上手く言葉で表現できないよう。

「絵の完成」

・言葉と指差し、両方で回答するスタイル。でも言葉では上手く説明できない。それでも言葉でもなんとか答えようとしている。

「類似」「単語」「理解」

・２点の回答にはならない課題が多い。言葉数を増やすことでなんとか伝えようとしている。頭の中にあることを伝えようという努力は試みている。

猫川さんの思考プロセス

・数値上は語彙の知識は豊富であっても、その知識を使って十分に推論して、筋道を立てて話すことは少し苦手ということだ。
・内容分析でも、「Q」をしても得点が伸びなかった。言葉を聞いて理解する力は十分あるけれど、言葉を使って説明するときに、一生懸命言葉にする努力をしても、頭の中にある内容をしっかり表現するのは苦手なようだ。
・「流動性推理」が苦手ということも明らかになった。視覚情報でも言語情報でも、岩崎さんにとっては新奇課題を帰納的に解決していくことは苦手と言ってよさそう。

ここがポイント！

●各合成得点間や各下位検査間に差があった場合には、内容分析と行動観察、事前情報とを合わせて、その差が生じる要因について仮説を立てる。

・回答に自信がない時には、こちらに質問するような回答の仕方をする。
・自分の回答があっているか探るような言い方が多い。
・課題が難しくなるにつれて、言葉が多くなっていく。
・自分の話せることに話をもっていこうとする傾向もある。

猫川さんの思考プロセス

・うまく言葉で説明できていないことは自覚的なようだ。
・言葉数が多くなるのは、不安が高まっている可能性が高い。
・自信がなくても回答しようとする。しかし正答しているかは気になるよう。

ここがポイント！

●回答している時の様子から、回答への迷いや自信について推測する。
●難しいと感じたときに感情がすぐ言葉に出る。
●素直に感情を表出する。
●あまりよく知らないことでも、「わからない」と素直に発言することは難しいよう。
●「わからない」と答える姿が相変わらずない。

猫川さんの思考プロセス

・内容分析でもDKが全くつかず、自分で課題解決をしたいという気持ちや「わからない」と素直に表現することに抵抗がありそう。感情表出は素直だけど、「わからない」と自分から言うのは難しいんだな。

ここがポイント！

●繰り返し同じ言動がある場合には、そこに共通するクライエントの背景について推察する。

・「皆さんできるんですか」と気にしている。
・「みんな」を気にする言葉が出てきている。
・自分が答えらない問題は「答えられる人がいるのか」と発言する。

猫川さんの思考プロセス

・「わからない」と自分から言えない背景には、「周囲を気にする・比べる」ことが関係していそうだ。先ほどの自信がない回答のときに、語尾を疑問形にして回答したり、自分の回答が合っているかを探るような回答をしたりするので、「間違えたくない」という気持ちが大きいんだろう。
・回答できなかったときに他の人と比べてどうかが気になるようだ。
・自分が知らないことは他の人も知らないのではないかという視点が強いのかも。

ここがポイント！

●クライエントに見られる複数の言動を統合して、クライエンントの言動の背景を推測する。

・答えられそうもない様子のときも、検査者が待つと答えることができたりする。
・難しそうな表情をしていても、考えることはあきらめないし、粘って考えたら回答を導ける。
・とにかく1問でも正解したいという気持ちが伝わる。
・検査開始から90分が経っても意欲的に取り組んだ。
・一度も休憩をとらずにやり終え、明らかに疲労した様子は見られず、最後まで意欲的だった。

猫川さんの思考プロセス

・内容分析ではOT（時間制限後の回答）が多く、じっくり考えるタイプだと分析できる。行動観察からも、答えたいという意欲が伝わっているし、あきらめずに考える力があるということが明らかだ。先ほどの「間違えたくない」という気持ちと、あきらめずに考える力と両方あることで、さらに考えようとする意欲が増すんだろう。
・一方で、時間制限が厳しい課題や時間制限のプレッシャーがある課題は苦手といえる。数値でも「処理速度」が低かった。じっくり考えることができるかどうかが岩崎さんのパフォーマンスに大きく影響するようだ。

ここがポイント！

●数値、内容分析、行動観察で一致したことは、クライエントの特徴を強く表している。仮説がより支持されるため、所見には優先的に記述する。

・「符号」「記号探し」では、早くやろうという意気込みは見える。しかし実際の処理スピードは、他の被検者と比べてみるとゆっくり。
・左手で、解いている課題を確認しながら進めている。
・ミスがないようにという意識があり、ミスしないための方略を用いる。
・毎回見本を確認しながら、慎重に解いている。早くやろうとする姿勢は見えるが、スピードよりも誤答をしないように気をつけているように感じる。
・「数唱」では、数式は合っている可能性が高い。ケアレスミスだろうか。
・「パズル」では、落ち着いて考えたら間違えずに済む課題で誤答。

猫川さんの思考プロセス

・内容分析で、衝動性が高い可能性を指摘したけど、検査全体を通して、ケアレスミスが若干ある。でも、「ミスをしないようにしないといけない」という意識も持っていて、「符号」「記号」「絵の抹消」などケアレスミスが生じやすい課題ではミスが出ていない。「絵の抹消」は誤答がなくても、線を引くべき図形に引かない受検者も多いけど、岩崎さんは飛ばしていない。
・時間のプレッシャーがかかるとミスが生じやすくなるという自己認識があるのだろう。衝動性はやや高いものの、十分にコントロールする力は持っている。

ここがポイント！

●数値、内容分析、行動分析において矛盾した結果が出てきたときには、その矛盾が生じた要因について仮説を立てる。

・「数唱」「語音整列」では、記憶の保持はあまり得意ではないのかもしれない。
・記憶容量はそれなりにあっても、記憶の保持が難しそう。
・記憶を保持するための方略があまりないのかもしれない。
・小声で繰り返し始め、記憶を保持するための工夫をしたが、完全には覚えきれていない。
・「算数」では、文章が長くなってきたり、計算が複雑になってくると、聴覚情報を保持することが難しくなってくる。

猫川さんの思考プロセス

・数値では、「短期記憶」は平均的な水準だから、短期記憶が弱いとはいえないだろう。だけど、数値の中で「語音整列＋数唱」よりも「数唱：逆唱＋数唱：数整列」の数値がやや下がっていた。行動観察と合わせて考えると、記憶のプロセスの中で、「登録」はできているけど、「保持」と「操作」が苦手な可能性がある。「算数」の課題でも計算ミスと思われるところがあった。
・有意味語でも無意味語でも記憶の「保持」は難しいようだ。

ここがポイント！

●数値だけでは仮説を立てられなかったり、特定の仮説を支持することが難しかったりした場合は、内容分析や行動観察を加えて、仮説を絞る。

・「促し」の反応が「行列推理」のときはあったのに、「パズル」のときはない。課題に対しての感情表出もなくなっている。疲れてきたのかもしれない。
・「数唱」の結果から、後半の方が注意の維持が難しそう。

猫川さんの思考プロセス

・意欲は最後まで十分に保っていたけど、途中、疲れたかなと思う場面や、注意の維持が難しいかもと感じたことがあった。数値でも、「数唱：順唱」のところだけ注意の維持が難しい可能性を指摘している。
・検査の後半にある「語音整列」の得点が高い。「間違えたくない」という思いが強いから、これまでの情報を踏まえると、「数唱：順唱」のように単に覚えるだけのシンプルな課題よりも、数字とひらがなの並び替えがある「語音整列」のように難しいと感じる課題の方が、集中力が増すのかもしれない。

ここがポイント！

●検査時間、休憩の有無、時間経過による言動の変化から、クライエントの注意・集中を維持する力や時間経過の影響を推察する。

所見

これまでの情報を踏まえて、猫川さんは所見を作成した。

（検査データから明らかになったこと）

FSIQ（全検査IQ）は、105（信頼区間101～109）で「平均」域の知的水準となりました。しかし、合成得点間の差が大きいため、FSIQの数値は岩崎さんの能力全体を表しているとは言い難く、各指標を丁寧に分析していく必要があります。なお、合成得点間の差が大きいということは、得意・不得意の差が大きいということであり、日常生活や社会生活で、困難が生じる可能性が高くなるでしょう。（P. 114）

岩崎さんの中で最も得意な能力は、言葉を理解したり、言葉の知識を蓄えておくことです。特に言葉を聞いて理解する力は十分だといえるでしょう。語彙力や一般的知識はしっかり蓄えられているのですが、帰納的に筋道を立てて思考することが苦手なため、言葉を使って説明するときには、頭の中にあることを十分に表現することを難しいと感じることがあるようです。また、自分自身でも十分に表現できていないことに気づいているようです。（P. 116, 131）（P. 118～119, 131）（P. 128）

一方で、岩崎さんの中で最も苦手なことは、単純な視覚情報を素早く正確に判断して、その結果を正確に書くことです。岩崎さんは、じっくりと考え、難しい課題に対してもあきらめずに根気強く取り組むことができる力があります。一方で、「間違えたくない」という気持ちが強いことから、時間制限があり、速さや正確さを求められる状況では、素早く判断することが難しくなるようです。また、感情をすぐに表出したり、目に入った情報にとっさに反応したりしてしまうところがあるでしょう。しかし、そうしたことにも自覚的で、プレッシャーがある場面ではミスをしないように意識し、実行することができます。（P. 116）（P. 130）（P. 130）

岩崎さんの「間違えたくない」という意識は、考える意欲や集中力を高める原動力にもなっているようです。一方で、困難な課題に対して素直に「わからない」と伝えることが難しく、言葉で適切に表現できないことと相まって、自身の困りごとが周囲に十分に伝わっていない可能性があります。（P. 124, 129）

（事前情報と検査データを合わせ検査目的を解決する）

以上のことから、言葉を使って仕事をすることは岩崎さんにとっては得意分野を活かすことになるでしょう。また自分のペースでじっくりと取り組むことができる環境が岩崎さんにとってパフォーマンスを発揮しやすいといえるでしょう。上司からの急な仕事や期日の設定があることは、岩崎さんにとっては苦手なことで、ミスが生じないようにするための意識が人よりも多く必要となるため、疲弊しやすく感じます。また岩崎さんは困難な状況において、その困難さを素直に人に伝えることができないため、周囲には十分に伝わっていない可能性があります。事前に岩崎さんが考えていること、伝えたいことを紙に書き出しておくなど、落ち着いて表現できる準備をすることが望ましいです。

猫川さんの思考プロセス

積み木の誤答の仕方や言語反応における言い回しなど他にも行動観察でチェックしていたことはあるけど、数値や内容分析からは十分にわからないな。行動観察は主観になりやすいからその情報だけで「岩崎さんはこういう傾向がある」ということは避けないといけない。特に所見に書けるのはこれくらいかな。性格特徴も見えてきたところがあるから、それは他の検査と合わせてより深く分析していこう。

ここがポイント！

- 単一の数値、内容分析、行動観察のみで、仮説を立てない。
- 数値、内容分析、行動観察、事前情報を統合しても仮説を支持することが難しいものについては所見に記述しない。
- 事前情報と検査結果とに矛盾が生じる場合には、WAIS-Ⅳが1対1の検査であること、静かな環境下で実施されること、1つの下位検査時間が短めであること、正答のある課題であることなど検査の特性を理解し、検査結果は検査特性に応じたにものであることを勘案する。
- 検査目的に沿って、今後、検査結果をどのように活かすことが望ましいかをクライエントの実情に合わせた助言を所見に書く。

3. バウムテストの検査結果からわかること

※解釈の詳細を確認したい方は、『バウムテスト 第3版』（2010、誠信書房）、『樹木画テスト』（2010、北大路書房）を参考にしてください。

猫川さんの思考プロセス

　バウムテストから明らかになるのは、心理検査の目的のうち、『パーソナリティ傾向が気になる』『無意識的な自己像』『エネルギーをどのように処理しているのか』だな。全体印象、形式分析、内容分析の順に見ていこう。

全体の印象

・用紙中央に大きく描かれている。
・樹冠、幹、根元とそれぞれのパーツが描かれ、全体としてのバランスがとれている。
・必要な部分がデフォルメされて描かれており、写実的でもないし、棒のような描かれ方でもない。
・際立って、木の外観を損なう特徴はない。
・PDIから：「リンゴの木」「高さ10m」「樹齢20～30年」

猫川さんの思考プロセス

・全体として描かれた絵はきちんと木に見えるし、体裁をなしている。樹冠があって、幹があって、根元もあるし、それぞれのパーツも描かれている。調和がとれていて自然な印象を受ける。バランスの取れていない感じや不格好で奇妙な印象はないから、精神病圏を示唆するサインはないと言えるだろう。
・用紙に対してある程度の大きさで描かれ、木全体が用紙内に収まっていて、精神活動のエネルギーは社会生活を送るうえで十分にあり、コントロールされているといえる。
・木の一部分が欠損していたり、奇妙な描かれ方をしていたりするといった独特の印象を与えるようなアイテムはない。PDIで語られた木の樹齢や大きさのイメージともそれほどズレはないので、イメージしたものをおおむね表現できているようである。素朴に自身を表現しているようだ。
・描き方は、ある程度デフォルメされたもので、幼児の描くような電柱状の木でもないし、写実的な木でもない。現実を捨象して表現する力も持っているといえそう。

ここがポイント！

●全体の直観的な印象について確認する。全体が木に見えるか、枝や幹、葉など各パーツがバランスよく描かれているかどうかは、クライエントの社会適応がよいかどうかの指標となる。印象的な描かれ方をしている場合には、後の解釈でより丁寧に見ていく。

●バウムテストの空間象徴の理論を参考にしながら、描かれた用紙内の位置を確認し、クライエントの何を象徴するのか確認する。木が用紙からはみ出さずに描かれていれば、自我の肥大や万能感がコントロールされているサインとなる。

●描かれた内容と、PDIで語られた木の像とが一致しているかを確認する。思い描いたイメージ通りに表現できているか確認し、ギャップがあればなぜそのギャップが生じているのか検討する。樹齢が実年齢に近ければ自己像により近いことが分かる。

●木の描き方がどの発達段階に生じやすいものかを確認する。成人期であれば、ある程度、デフォルメされた木を描くのが一般的であり、必要な要素を捨象（しゃしょう）して、表現できる力をもつ人が多い。

形式分析

・A4の用紙中央に、201mm×145mmのサイズで描かれる。
・用紙の上部や下部、左側や右側への位置の偏りはない。
・描順は、幹（右のラインを上から下へ→左のラインを上から下へ）→樹冠（幹の右上部から左上部へ。雲形。カール状ᘜのラインがある）→実（左側→中央→右側。6つ。りんごのような形状）→穴（うろ。幹の右側下部に1つ）

猫川さんの思考プロセス

・筆圧やしっかりした描線、木のサイズからは不安をコントロールして自己表現をできる力を持っているといえる。ただ1分という短い時間で描かれているから、慎重に自身を表現するよりも、素早く表出してそれ以上は内に留めてしまうのかもしれない。

・木は画用紙の中央に描かれ、偏りは見られない。領域にまつわる解釈仮説はあまり重きを置かなくてもよいだろう。用紙をはみ出すほど大きな木でもないから、身の丈に合う自己というものをしっかり表現できている。

・描順は幹、樹冠、実と、一般的に多くある順序である。ここも取り立てて解釈することはない。

・幹と樹冠の接線や、勢いよくくるくると描かれた樹冠の線からは、細かい線の処理が苦手だと推測される。樹冠や幹の描線はしっかり描かれてはいるものの、線の処理の甘さは、岩崎さんが外界との関わりで自己と外界との区切りのつけにくい傾向や現実感覚の弱さと関連しているのかもしれない。

ここがポイント！

●真っ白な用紙に木を描くのは、「真新しく何も規定されていない状況で自己をどのように表現するか」を見ている。

●何も描かれていない用紙に、自分のイメージに基づいた木を置くということは、不安をコントロールし自己表現する能力を示している。木のサイズや描かれ方の特徴を見る。

●空間象徴の理論では、用紙左側に描かれていれば、過去や女性性、母親、受動性の領域、右側に描かれていれば、未来や男性性、父親、活動性の領域とされている。また用紙上部に描かれていれば意識や理性、下部に描かれていれば、無意識や感情の領域とされている。

●位置に大きな偏りがあれば、その理由を検討し、仮説を立てる。

●描順に特筆がある場合、その特徴を分析する。一般的には、幹→枝→樹冠→実と描かれるが、どのアイテムから描き始めるかで、クライエントが何を強く意識しているかを推し量る材料となる。例えば、地面から描き出す場合には、環境からの支えを強く求めている可能性がある、などと解釈できる。

●描線のストロークや線の接合部の処理についても確認する。処理が甘い場合には丁寧に物事を進めることの難しさや、外界の現実と内界の空想を識別することの難しさを示す可能性がある。

内容分析

・根元：地面の描線はなし。下方に広がりがある。左右の基底ラインに大きなずれはない。

大地にしっかり根づくような太さで描かれていることから、生理的欲求や無意識の欲求は意識されやすいのだろう。また、安定感があるものの、やや宙に浮いたような印象もある。

ここがポイント！

●根元は、その人の内側から湧き上がってくる生理的欲求や無意識の欲求、エネルギーを表す指標である。

●根元や地面のラインは社会との関わり方や安定性の指標である。

・幹：根元が大きく広がる。樹皮はなし。上部は樹冠につながり、開放されている状態で、枝は伸びていない。

猫川さんの思考プロセス

・幹のラインはしっかりとした太さで、根元から上方に向けて地面から吸い上げたものが上昇するようにカーブ上に描かれている。

・岩崎さんの描いた木からは、自分が何を感じて、何を考えているのか、自分の欲求は意識されやすいのだろう。また樹皮が描かれていないことから、外界に対する防衛的な姿勢や傷つきはないようだ。

ここがポイント！

●各パーツにおける一般的な解釈理論を参照し、仮説を立てていく。

●幹は自我強度や感情機能を知るための指標である。

・うろ：幹下部にあり。木の根元のラインからうろの下部までは44mm。

〈ヴィトゲンシュタイン係数〉

・木の高さは201mm、木の根元のラインからうろの下部までは44mmだった。

・岩崎さんの生活年齢を33歳×12カ月＝396カ月
・44÷201×396＝86.68カ月（＝7歳2ケ月あたり）

・PDIより：「小さい頃に近所の公園にこういう木がありました」「昔はたくさん木があったかもしれないけど、今はこの木だけ」「(穴について) 木がもう少し小さい頃に、枝があったのを人間に切られた。今はぽっかり空いている」

猫川さんの思考プロセス

・ヴィトゲンシュタイン係数を算出すると、7歳2か月あたりに外傷体験が意識されていることになる。PDIで子ども時代に近所の公園に生えていた木をイメージしたと説明しているし、「人間によって切られて空いている」と説明しているので、可能性は十分にあるだろう。
・しかし、子ども時代の生育歴についての情報は不十分なので、過剰に解釈はしないでおこう。問診表に「両親に連絡をしないでほしい」とあったから、親との関係に何らかの問題意識はあるのだろう。今後、診療やカウンセリングを開始すれば、過去の体験について話されるかもしれない。所見には一言書いておこうか。

ここがポイント！

●ヴィトゲンシュタイン係数は人生における外傷体験の時期を算出する数値である(→ P. 88)。数値をそのまま実際に起こった外傷体験として当てはめるのではなく、十分な情報がない場合には、クライエントも外傷体験の影響を意識しているかもしれないという程度に解釈しておく。

・枝：なし。
・樹冠：雲形。カール状♉のラインがある。
・葉：なし。

猫川さんの思考プロセス

・幹の先端の開放部分は樹冠で蓋をしている。自身の考えや空想をそのまま外界に出してしまうのではなく、一度自分の中で調整しようという感覚はあるのだろう。ただ、自分の考えや感情をどう整理し、どうすれば相手に伝わるのか、といったことを細やかに考えたりはしないみたい。
・樹冠の雲形の輪郭は、円滑な対人関係を持とうとする肯定的な意味合いをもつ。しかし、くるくると囲うような領域がいくつか見られる。これは樹冠の輪郭の外側と内側との境界に位置し、岩崎さんが目の前の現実と、自身の空想が区別できなくなるときがあることを示している。他者との関わりの中で目の前にある現実を一緒に吟味する力を持っているように見えるけど、一方で自身の空想だけで目の前の状況を理解しようとすることがあり、相手がついていけなくなることがあるのかもしれない。

ここがポイント！

●幹の先端部がどのように描かれているのかによって、自分自身の空想や考えをどのように他者に向けて表現していくのか、将来への見通しを持つことができるのかを知ることができる。

●樹冠は、社会生活における対人接触の程度の指標である。

●枝は、描き手の目標や理想の方向や、対人関係における相互作用などの指標である。

●葉は、外界との関わりや自身の外見や装飾の指標である。

・実：６つ。PDIの説明ではリンゴの木。

・花：なし。

・付加物：なし。

猫川さんの思考プロセス

・「実のなる１本の木」という教示に沿って実が描かれている。樹冠や幹に比して適度なバランスで描かれていて、全体を意識してバランスを取れている。

・枝葉がないので、実が樹冠の中に浮かぶようにして描かれている。枝は、実という達成物に向かうための道筋を表している。岩崎さんの実にはその道筋が描かれておらず、実感をもって何かを成し遂げたと感じにくいのかもしれない。他者との交流では、やりとりのプロセスを重視しないかもしれない。

ここがポイント！

●「実のなる木」ではなく「１本の木」という教示に沿って実を描いていれば、特に社会生活での達成や承認、女性における子どもなどの意味合いが強くなるとされる。

●成人の場合、実（み）は自身の能力の誇示や達成感、子どもをもつことへの関心の指標である。

●花は、外界への体裁や自己賛美の指標である。

●付加物があれば、その象徴的意味合いについて検討する。

所見

これまでの情報を踏まえて、猫川さんは所見を作成した。

	所見	
検査データから明らかになったクライエント像	岩崎さんは社会生活の中で一定の精神活動エネルギーを持っており、自分の感情や考えをしっかりと意識できています。対人関係においても円滑に関わることができているようです。ただし、自分の伝えたいことを直接的かつ革直に表現できる一方で、細やかに意図を伝えることには苦手意識があるかもしれません。また現実の体験と自身の空想が混ざってしまうことがあり、独自の理解で処理する傾向が見受けられます。 さらに、岩崎さんの幼少期に何らかの外傷体験があった可能性があり、それが岩崎さんの現在のパーソナリティに影響を与えている可能性があります。	P. 134 P. 138 P. 137

猫川さんの思考プロセス

総合的に見てみると、岩崎さんは社会生活を送れるエネルギーは持っていそうだ。自分の欲求や願望もしっかり意識できていそうだ。対人関係を築くこともできるけれど、相手に率直な表現で伝えるばかりで、細やかに伝えようとすることは難しそうだな。また、現実的な視点で物事を考えていくことは苦手で、少し自分の中にある空想や独自の見方で外界を捉えようとすることがありそうだな。これらを中心に所見を記載してみよう。外傷体験のサインについては、「本人の中で意識しているかもしれない」くらいに留めておこうかな。

ここがポイント！

●バウムテストを所見にまとめる際は、精神活動エネルギーの程度、自我の強度、感情の状態、現実検討の程度、自己イメージ、対人関係における特徴、心的外傷の有無などがの要素をまとめながら書いていく。

4. P-F スタディの検査結果からわかること

※解釈の詳細を確認したい方は、『P-F スタディ解説 2020年版』（2020、三京房）を参考にしてください。

猫川さんの思考プロセス

P-F スタディで明らかになるのは、心理検査の目的のうち、『パーソナリティ傾向が気になる』『対人関係で不満が溜まる場面でどのような対処をとる傾向にあるか』だな。GCR 値、主要反応も含めたプロフィールの分析、超自我因子、反応転移の順に見ていこう。

場面別スコア

場面	回答	スコア
1	どうしてくれるんだ！　弁償してください。	E/e
2	すみませんでした。	I
3	ちっ！　本当に邪魔だな。	E'/E
4	困ったな。わかりました。	M
5	どのように使っていたのでしょうか。	E
6	この中から選びます。	M
7	客に対してその態度はなんだ！	E
8	明日は用事があるんです。	M'
9	店長がいなくてもレインコートは出せるんじゃないですか？	E
10	僕は嘘なんかついていない！	E
11	わかりました。	M
12	その人の電話番号わかりますか？	U
13	次はいつがあいているのか教えてください！	E
14	寒いな。いつになったら来るのかしら。	E'
15	次は頑張りましょう。	M
16	そちらもスピードを出していたじゃないか！　警察を呼びましょう。	E/e
17	どこにいってしまったんだ！　ない！	I'
18	残念です。	E'
19	急ぎの用があったんです。スミマセン！	I
20	こっちはこっちで楽しみましょう。	M'
21	え！　そうなんですか。具合はどうですか。	I'
22	全く何ともありません！	I'
23	急いでいるのになぁ。用件は何か聞いてください。	E'//e
24	いいですよ。捨てて下さい！	M

猫川さんの思考プロセス

・場面別スコアでは場面12だけがスコア不能の**Uスコア**になっている。なぜスコア不能になったんだっけ？

・検査中に回答の意図を聞いたら、この場面における状況は理解できていたし、他の場面も問題なく理解できているから、対人場面での文脈が理解できなかったわけではないだろう。でも、この回答については意図がよくわからなかったから、スコアをつけられなかったんだ。結果的に岩崎さんの意図は、他己解決で「e」だった。解釈する際に気をつけよう。

ここがポイント！

● Uスコア（判定不能スコア）については、その場面の状況や相手の意図を理解できているのか、反応語が曖昧かなど、判定不能になった要因がクライエントの特徴を示すことが多い。

● Uスコアは数値としては使用できないが、クライエント独自の特徴が表れることがある。

GCR値

GCR＝9.5／18×100＝53％

前半：後半＝5.5／8：4／10

自我阻碍場面：超自我阻碍場面＝4.5／10：5／8

結合スコア：4

猫川さんの思考プロセス

・GCR値から、岩崎さんは対人のフラストレーションが生じる場面で、多くの人と同じ常識的な振る舞いができるみたい。GCR値を算出する場面の中で、自己解決のiがついてほしい3項目で、全て別の反応を出している。岩崎さんが望ましい場面で自ら解決しようという行動を起こせないことを示唆しているかもしれない。

・前半場面と後半場面ではGCR値の差はそれほどない。そして自我阻碍場面（4.5/10＝45%）と超自我阻碍場面（5/8＝63%）でのGCR値の割合は後者の方が高いかな。社会場面での適応に偏りがあるかどうかはプロフィール欄も分析してから考えよう。

・1つの場面で2つ以上のスコアがつく結合スコアは4個あった。この結果はフラストレーションが生じる場面で複雑にあれこれ考えることはあまりなく、思ったことはストレートに反応しやすいのだろう。結合スコアがある場面は、場面1（E/e）、場面3（E'/E）、場面16（E/e）、場面23（E'//e）。すべてE－Aの他責方向で同方向だから、相手に主張する時に念押しのように重ねて言うのだろう。相手からすれば一方的な物言いに感じるかもしれない。

ここがポイント！

● GCR値は集団適応度を示しており、40%～64%が平均域とされている。これはクライエントが社会生活において周囲から求められる対応をどの程度、できるかどうかを評価する指標である。

●数値だけではなく、どの場面でGCR値の反応に失敗しているのか、共通の特徴はあるのかを検討する。

●テスト場面の前半と後半のGCR値の項目数の差を分析することで、検査場面での態度の変化を把握できる。

●自我阻碍場面（自分と相手のどちらがフラストレーションの原因か分からない場面）と超自我阻碍場面（自分がフラストレーションの原因となる場面）とで、GCRの比率の差を分析する。それによって、フラストレーションの原因が、適応的な言動に影響するかどうかを把握できる。

●結合スコアがある場合には、同方向スコア（同じアグレッション方向のスコアの組み合わせ）が多いのか、異方向スコア（異なるアグレッション方向のスコアの組み合わせ）が多いのかを確認する。同方向の場合は自らに対して補償的な態度を示す場合があり、異方向の場合は心の中の葛藤状態を示すことが多いとされる。

プロフィール・主要反応

主要反応　E（6）＞E'＝I'（3）

・主要反応はE（6）で、次がE'とI'で（3）だ。Eは平均域よりも高いし、岩崎さんが直接相手に攻撃的、あるいは主張的にコミュニケーションをすることがわかる。

・Eの内容は、「どうしてくれるんだ！」「本当に邪魔だな」「どのように使っていたのでしょうか」「客に対してその態度はなんだ！」「僕はうそなんかついていない！」「そちらもスピードを出していたじゃないか！」。言いたいことをはっきりと主張できるようだし、その頻度が多いのかもしれない。

・次に多いのはE'とI'で、E'は平均域内。Eも多いし、直接相手に言わずとも不満や不平が漏れ出てしまうのだろう。I'の内容を見ると、「どこにいってしまったんだ！ない！」「え？　そうなんですか？」「全くなんともありません！」。当惑や狼狽（ろうばい）してしまうことはまあまあああるのだろう。

ここがポイント！

●主要反応を確認し、かつ平均域からの逸脱を確認する。数値の高いスコアとその反応内容を一つ一つ確認していく。主要反応が平均域内であった場合にも、反応内容を確認する。

●Eは相手に対して直接的に主張する傾向、Iは自分の非を認め、謝罪する傾向、Mは寛大に相手を許容する傾向を示している。

●E’は相手への不快や不満の表明、I’は状況への当惑や狼狽、そして反動形成、M’はフラストレーションの軽視、無関心を示している。

(3) プロフィール

	O-D			E-D			N-P			合計		
E-A	E′	0.5 2.5	3	E E	5.5 0.5	6↑	e	0.5 2	2.5	6.5 5	11.5	50%↑
I-A	I′	0 3	3↑	I I	1 1	2	i	0 0	0↓	1 4	5	22%↓
M-A	M′	1 1	2	M	1.5 1	2.5	m	1 1	2	3.5 3	6.5	28%
合計	1.5 6.5	8	35%↑	8 2.5	10.5	46%	1.5 3	4.5	20%↓	総計 23		

※本検査の著作権は株式会社三京房に帰属します。

猫川さんの思考プロセス

そして一番少ない反応はｉ。GCR場面でも出ていなかった。自分から問題解決に向けて行動を起こしたり、その提案をしたりするのは苦手なんだろう。事前情報でも、職場の業務量や人間関係に対する不満があるにもかかわらず、現状に対する対処を何もしていないとあったし、ｉの少なさと関係しそうだ。

ここがポイント！

●最も数値が低く、かつ平均域から逸脱しているスコアについても、なぜ低くなったのかについて仮説を立てる。

●ｅは問題解決を他者に求める依存的傾向、ｉは自ら問題解決をしようとする傾向、ｍは相手の指示や規則を順守する傾向を示している。

(3) プロフィール

	O-D			E-D			N-P			合計		
E-A	E′	0.5 2.5	3	E E	5.5 0.5	6↑	e	0.5 2	2.5	6.5 5	11.5	50%↑
I-A	I′	0 3	3↑	I I	1 1	2	i	0 0	0↓	1 4	5	22%↓
M-A	M′	1 1	2	M	1.5 1	2.5	m	1 1	2	3.5 3	6.5	28%
合計	1.5 6.5	8	35%↑	8 2.5	10.5	46%	1.5 3	4.5	20%↓	総計 23		

※本検査の著作権は株式会社三京房に帰属します。

猫川さんの思考プロセス

・アグレッションの型は、O–D（障碍優位型）優位（35%）でN–P（欲求固執型）が低い（20%）。フラストレーション場面が生じていることに意識が向きやすくて、どのようにその状況を解決していくかということに意識が向きにくいようだ。でもeとmはあるから、他者を頼ったり、その状況が収まるのを我慢したりはできるのかな。

・もし場面12にeがついていたら、eは3.5になる。平均域は越えないけれど、やはり自己解決ではなく他己解決が優位みたいだ。

(3) プロフィール

	O-D			E-D			N-P			合計		
E-A	E′	0.5	3	E	5.5	6↑	e	0.5	2.5	6.5	11.5	50%↑
		2.5		E̲	0.5			2		5		
I-A	I′	0	3↑	I	1	2	i	0	0↓	1	5	22%↓
		3		I̲	1			0		4		
M-A	M′	1	2	M	1.5	2.5	m	1	2	3.5	6.5	28%
		1			1			1		3		
合計	1.5	8	35%↑	8	10.5	46%	1.5	4.5	20%↓	総計	23	
	6.5			2.5			3					

※本検査の著作権は株式会社三京房に帰属します。

猫川さんの思考プロセス

・アグレッションの方向を見ると、E–A（他責型）が高くて（50%）、I–A（自責型）が低い（22%）から、フラストレーションの原因そのものを他者に見やすい傾向にある。

・そういえば、文末の「！」が多かった。相手の非を責めるEだけでなく、相手に解決や助けを求めるeや相手への寛容さを示すMの反応内容に「！」があった。全般的に、常識的な振る舞いはできているけれど、意識せずに一方的な物言いという印象を与えやすいのかもしれない。

ここがポイント！

●アグレッションの型（フラストレーションの状況に対して逡巡(しゅんじゅん)するのか、その場で主張するのか、問題解決に向けて動くのか）、アグレッションの方向（他責か自責か無責か）について、パーセンテージを確認し仮説を立てる。

●反応語以外にも、語の記載の仕方や検査中の態度も合わせて仮説を立てる。

超自我因子

$\underline{E}$=1	＝ 4％
$\underline{I}$=1	＝ 4％
$\underline{E}$+$\underline{I}$=2	＝ 9％
E－$\underline{E}$=5	＝22％↑
I－$\underline{I}$=1	＝ 4％
(M－A)＋I＝7.5	＝33％

猫川さんの思考プロセス

・EやIは適度にあるから相手から責められるときにも、自分の正当性を主張できる力はある。
・E－$\underline{E}$が高いことから、コミュニケーションにおいて攻撃性が目立可能性がある。他のスコアや（M－A）+Iも平均域内にあるから、攻撃的で主張が強い面をもつ一方、一定の社会性も身につけている人なのだろう。

ここがポイント！

●超自我因子では、フラストレーションの原因が自分にある状況でどのように対処するのかを確認する。自尊心や主張性、罪悪感などに関連する。

反応転移

E←＋0.83
－0.60→e
－0.60→E－A
－0.63→O－D、E－D←＋0.52、－0.33→N－P

猫川さんの思考プロセス

・前半にEが特に多くて、eが後半に多くなっている。それからアグレッションの型や方向でも反応転移は見られているけれど、プロフィール欄と合わせてみていくと、I–A（自責型）が後半に増加するのはI'の影響で、O–D（障碍優位型）が後半に増加するのはE'とI'の影響、E–D（自我防衛型）が前半に多いのはEの影響。
・岩崎さんは新しい環境に入って慣れないうちははっきりと自分の意見や要求を相手に

伝えることが多い傾向にあるけど、環境に慣れるにつれ、そのような主張は減って、戸惑いや逡巡する態度、あるいは不満や不平を言う態度に変わるのかもしれない。さらに、相手に頼ったり、助けてもらうことも増えていくんだろう。

ここがポイント！

- 反応転移は、検査中における心理的構えの変化を見るための指標である。検査の前半と後半とでクライエントの傾向でどのように変化するのか、反応数の増減によって見ることができる。数値の判断には慎重さが必要であるといわれる。
- 反応時間の長さや文章の長さ、反応内容など、他の要素も参考にして解釈する。

所見

これまでの情報を踏まえて、猫川さんは所見を作成した。

（検査目的に沿って検査データから明らかになったこと）

岩崎さんは、対人関係においてその場の文脈を理解することができ、多くの人と同じように、その場に求められる常識的な態度をとることができています。しかしまれに、言いたいことが相手に伝わりにくいこともあるようです。 P. 144

対人関係においてフラストレーションが生じる場面では、相手に対し自分の言いたいことを直接主張したり、あるいは不満や不平を言葉にすることもあるようです。言い方が攻撃的になると、トラブルの原因になることもあるかもしれません。 P. 144～145

岩崎さんは自身の意見を主張するだけではなく、場面に応じて謝罪したり、相手に対して寛容な態度を示すこともできています。しかし自身の思いを伝えたいという姿勢の強さが語気の強さや態度に現れることもあるので、相手に一方的な印象を与えることもあるでしょう。 P. 144

また、フラストレーションの解決の際には、他者に解決を求めたり、事態が解決するまでその場の流れに従ったりすることが多いようです。一方で、自ら解決に向けて動いたり、解決を提案することがとても難しいようです。そのため、周囲からは、相手に対して強く主張しているにもかかわらず、自身は一切、問題解決に向けた行動を起こそうとしないと批判的に評価されてしまうこともあるでしょう。 P. 143

（事前情報と検査データを合わせて解決策を提案）

職場でも同様の状況が生じている可能性が考えられるため、困難な状況を解決するために岩崎さんが自分なりの解決法や対処法を提案し、行動に移していくことが必要でしょう。また、自身の発言や態度が相手にどう受けとられるのかを意識することも大切です。

猫川さんの思考プロセス

・総合すると、場面の文脈は理解できているし、常識的な態度も取れているのだろう。即座の反応もあったので、時々、相手に伝わりにくい言い方をするのかもしれない。フラストレーション場面では直接的に相手に伝えようとしてしまうからトラブルになるのかも。

・謝罪もできるみたいだけど、一方的な物言いをする印象があるし、相手にもそう受け取られるかも。そして、自身で問題を解決する力がなく、はっきりと主張できるけど、行動には移せないタイプか。ここを中心に所見を記載してみよう。

ここがポイント！

●P-F スタディを所見にまとめる際のポイントとしては、対人場面における適応度、文脈の理解の程度、理解できない場合の要因、フラストレーション場面における主要な態度（頻繁に起きるもの）、攻撃性や主張性の程度、罪悪感の程度、フラストレーション場面における問題解決のあり方などがある。

5. ロールシャッハ・テストの検査結果からわかること

ロールシャッハ・テストのデータは、データの一部の提示となります。

本書では、紙面の関係上、岩崎さんの構造一覧表の結果と、その結果を基にした所見を提示し、ロールシャッハ・テストを実施することで、岩崎さんの心の理解にどのように役に立つのか、他の検査結果との関連性を中心にその理解を説明していきます。

ちなみに、本来の結果の分析であれば、ローデータにある言語内容をコーディングと呼ばれる作業を通してロールシャッハ言語に置き換え、そして構造一覧表に集約されたデータを中心に解釈していきます。

※解釈の詳細を確認したい方は、『ロールシャッハ・テスト――包括システムの基礎と解釈の原理』（2009、金剛出版）を参考にしてください。

猫川さんの思考プロセス

ロールシャッハ・テストで明らかにしたいのは、心理検査の目的のうち、『パーソナリティ傾向が気になる』『対人関係で不満が溜まる場面でどのような対処をとる傾向にあるか』『無意識的な自己像』『エネルギーをどのように処理しているのか』『カウンセリング適応かどうか』になるな。構造一覧表は作成してあるから、解釈戦略にしたがって、順にクラスターを確認しながら、解釈を組み立てていこう。

図版	Resp. No.	領域・発達水準	Loc. No.	決定因子・形態水準	ペア反応	反応内容	平凡反応	Zスコア	特殊スコア
I	1	WSo	1	F o		(Hd)		3.5	GHR
	2	Wo	1	FMa. FC' o		A	P	1.0	
	3	W+	1	Mpo		(Hd), Cg		4.0	MOR, PHR
	4	Ddv	99	Fu	2	Ge			
II	5	W+	1	Ma. ma. CF o	2	A, Bl	P	4.5	AG, FAB, PHR
	6	DS+	5	ma o		Sc, Ex		4.5	
III	7	D+	1	Mp o	2	(H)		4.0	GHR
	8	Dv	2	ma o	2	Fi			
	9	Do	1	FMp -		Ad			
IV	10	Wo	1	F o		Ad, Hh		2.0	MOR
	11	W+	1	Ma. FD o		(H), Sc	P	4.0	GHR
V	12	Wo	1	FMa. FC' o		A	P	1.0	
	13	W+	1	F o		H, Sc		2.5	GHR
VI	14	Wo	1	F o		Sc	(P)	2.5	
	15	W+	1	ma. Fr o		Sc		2.5	
VII	16	D+	2	Mp o	2	Hd	P	3.0	GHR
	17	Wv	1	mp u		Fi			
	18	Wv	1	F u		Ge			
VIII	19	Wv	1	F -		An			
	20	Wo	1	Mp -		Hd		4.5	PHR
IX	21	Wv/+	1	ma u		Ls, Ex		5.5	
	22	W+	1	F -		Hd, Cg		4.5	PHR
X	23	W+	1	Ma o	2	A, Fd		5.5	COP, GHR
	24	DdSo	22	Mp -		Hd			PHR

STRUCTURAL SUMMARY

LOCATION FEATURES

ZF	=17
ZSum	=59.0
ZEst	=56.0
W	=17
D	= 5
W+D	=22
Dd	= 2
S	= 3

DQ	
+	=10
o	= 9
v+	= 1
v	= 3

FORM QUALITY

	FQx	MQual	W+D
+	=	=	=
o	=15	= 6	=13
u	= 4	=	= 5
−	= 5	= 2	= 2
none	=	=	=

DETERMINANTS

BLENDS
FM, FC'
M, m, CF
M, FD
FM, FC'
m, Fr

SINGLE	
M	= 6
FM	=
m	= 4
FC	= 1
CF	=
C	=
Cn	=
FC'	=
C'F	=
C'	=
FT	=
TF	=
T	=
FV	=
VF	=
V	=
FY	=
YF	=
Y	=
Fr	=
rF	=
FD	=
F	= 8
(2)	= 5

CONTENTS

H	= 1
(H)	= 2
HD	= 4
(HD)	= 2
Hx	=
A	= 4
(A)	=
Ad	=
(Ad)	=
An	= 1
Art	=
Ay	=
Bl	= 1
Bt	=
Cg	= 2
Cl	=
Ex	= 2
Fd	= 1
Fi	= 2
Ge	= 2
Hh	= 2
Ls	= 1
Na	=
Sc	= 4
Sx	=
Xy	=
Id	=

APPROACH

I	WS, W, W, Dd
II	W, DS
III	D, D, D
IV	W, W
V	W, W
VI	W, W
VII	D, W, W
VIII	W, W
IX	W, W
X	W, DdS

SPECIAL SCORES

	=	Lvl	Lv2
DV	=	x1	x2
INC	=	x2	x4
DR	=	x3	x6
FAB	= 1	x4	x7
ALOG	=	x5	
CON	=	x7	
Raw Sum6		= 1	
Wgtd Sum6		= 4	

AB	=	GHR	= 6
AG	= 1	PHR	= 5
COP	= 1	MOR	= 2
CP	=	PER	=
		PSV	=

RATIOS, PERCENTAGES, AND DERIVATIONS

R	=24	L	= 0.50		
EB	=8 : 1.0	EA	= 9	EBPer	= 8
eb	=9 : 2	es	=11	D	= 0
		Adj es	= 6	Adj D	= +1
FM	= 3	SnmC'	= 2	SumT	= 0
m	= 6	SumV	= 0	SumY	= 0

FC : CF+C	=0 : 1
Pure C	=0
SumC' : WSumC	=2 : 1
Afr	=0.33
S	=3
Blends : R	=5 : 24
CP	=0

COP=1	AG=1
GHR : PHR	=6 : 5
a : p	=9 : 7
Food	=1
SumT	=0
Human Cont	=8
Pure H	=1
PER	=0
Isol Indx	=0.13

a:p	=9:8	Sum6	=1	XA%	=0.79	Zf	=17	3r+(2)/R	=0.33
Ma:Mp	=2:6	Lv2	=0	WDA%	=0.81	W:D:Dd	=17:5:2	Fr+rF	=1
2AB+Art+Ay	=0	WSum6	=4	X−%	=0.21	W:M	=17:7	SumV	=0
MOR	=2	M−	=2	S−	=1	Zd	= +3.0	FD	=1
		Mnone	=0	P	=5(6)	PSV	= 0	An+Xy	=1
				X+%	=0.63	DQ+	=10	MOR	=2
				Xu%	=0.17	DQv	= 4	H:(H)+Hd+(Hd)	=1:8

PTI= 1	DEPI= 3	CDI= 4*	S-CON= 3	HVI= YES	OBS= NO

クラスターの検索順序を決める

PTI＝1　DEPI＝3　CDI＝4*　S-CON＝3　HVI＝YES　OBS＝NO

猫川さんの思考プロセス

・構造一覧表を中心に見ていくと、布置一覧表の中では警戒心過剰指標（HVI）、そして対処力不全指標（CDI）がヒットしている。岩崎さんの外界に関わる際の警戒心の高さや慎重さ、そして、現実の物事や対人関係で、年齢相応の力をもってうまく対処しきれないと感じているようだ。

・ただ、抑うつ指標（DEPI）は該当していない。診察で抑うつ的な訴えはあるものの、気分の変動が日々の岩崎さんの在り方に大きく影響するとは考えにくい。むしろ、対処方略のとりにくさや対人関係のスキルに由来する問題かもしれない。

・「鍵変数に基づく解釈の検索戦略」[4]を確認して、7つあるクラスターをどの順番から見ていくかを決めることになる。今回は「D＜AdjD」が該当する変数となるので、「統制＞状況ストレス＞対人知覚＞自己知覚＞感情＞情報処理＞媒介過程＞思考の順でクラスターを確認しよう。

ここがポイント！

●「鍵変数に基づく解釈の検索戦略」から、7つのクラスターのうち、どのクラスターから解釈していくかを確認する。

統制のクラスター

R	=	24	L	=	0.50			
EB	=	8：1.0	EA	=	9	EBPer	=	8
eb	=	9：2	es	=	11	D	=	0
			Adjes	=	6	AdjD	=	+1
FM	=	3	SumC'	=	2	SumT	=	0
m	=	6	SumV	=	0	SumY	=	0

4『ロールシャッハ・テスト――包括システムの基礎と解釈の原理』pp. 274～277参照。

猫川さんの思考プロセス

・統制のクラスターと、状況ストレスの因子を見ていこう。社会生活の中で自分の持っている力を発揮するための心理機能はどうだろう。岩崎さんはEAの数値が9あるから、自分の中に目の前の現実に対処するための資源を持っているようだ。

・でもmが6個もある。今は、直近に取り組まねばならない何らかの状況に圧倒されて、うまくいかない感覚が強いみたい。診察では「仕事中のだるさと気分の落ち込み」に始まり、「職場での業務量や人間関係に対する不満」を長く訴えているので、それらが関連しているといえるだろう。

・体験型EBは左辺の大きさ、比率をみると内向型だな。物事に向かう際に慎重に考えてから取り組むタイプのようだ。今は、喫緊のストレス状況を何とかしなければならないという思いが強くて、常に頭の中でどうにかしなければならないという緊張感をもっている。C’が2個あるから、どちらかといえば自身の気持ちを表出せずに、押し込めてしまうのだろう。濃淡への反応は一切ないから、不快感や苦痛を示すサインは見られなかった。感情を自由に表出することに困難さを感じているのかもしれない。

ここがポイント！

●統制のクラスターでは、社会生活の中で物事を遂行するための内的資質を推測することができる。日々のストレス状況の中で用いている対処の仕方は何か、自由に心を用いることができているか、苦痛や不安に圧倒されていないかどうか、うまくいかないと感じているのであれば何が要因となっているのか、などを検討する。

●各クラスター内のコードにおいて、標準的に期待される数値やその域を確認し、それを逸脱している場合には特に重要視して、解釈する必要がある。

●体験型EBは現実や社会場面に直面する際の対処方式を知ることができる。そして、C’（無彩色反応）は外に吐き出してしまいたい感情を出さずにため込む傾向を示す。

対人知覚のクラスター

COP＝1	AG＝1
GHR：PHR	＝　6：5
a：p	＝　9：7
Food	＝　1
SumT	＝　0
Human Cont	＝　8
Pure H	＝　1
PER	＝　0
Isol Index	＝　0.13

猫川さんの思考プロセス

・人間表象反応の GHR も PHR もほぼ同等にあるから、過去の対人関係ではよい関係も経験されているみたいだし、それほど他者へのイメージは悪すぎることはないようだ。Human Content は 8 個あるけど、さっきの HVI の高さをかんがみると、他者に対する警戒心は強く、容易に信頼関係を築くことができないのだろう。

・人間反応についてローデータを確認すると、頭部のない人物像、向かい合うだけで協調して行動を起こそうとしない人物像や、じっとこちらを見てくる顔反応などがあるから、他者の表情への過敏さや他者との関係に何らかの問題意識を持っているのだろう。自発的に関係性を築くことの難しさや他者から見られているという意識の表れと推測できる。

・一方で、Fd は 1 個あるから、他者との関係に対する期待がありそう。これは治療関係に対する期待でもあるから、カウンセリングを導入する上で、重要なサインだ。

ここがポイント！

●対人知覚のクラスターでは、対人理解や他者との交流の持ち方、過去の対人経験、社会的スキルの程度、情緒的な親密さを求めているのか、孤立の感覚があるのか、などを検討する。

●HVI（警戒心過剰指導）は外側の世界への危険な感覚、否定的感覚、不信感を示す。GHR/PHR（人間表象反応）は過去の人間関係の質、Fd（食物反応）は他者への期待、依存傾向を示す。

自己知覚のクラスター

3r + (2)/R	=	0.33
Fr + rF	=	1
SumV	=	0
Fd(Food)	=	1
An + Xy	=	1
MOR	=	2
H：(H) + Hd + (Hd)	=	1：8

猫川さんの思考プロセス

・自己中心性指標（3r + (2)/R）や FD が 1 個ついているのを見ると、自身を省みる時には、周囲と比べ、客観的に評価しようとする姿勢を持つことができるようだ。

・Vは0なので、強い自己否定の感覚はなさそう。一方で、H：(H)＋Hd＋(Hd)＝1：8で部分反応が多いので、一部の出来事や見え方に囚（とら）われやすい。何か起きると「自分はこうに違いない」という思いに囚われてしまうこともあるようだ。

ここがポイント！

●自己知覚のクラスターでは、自己イメージの特徴や自己評価の程度を検討する。

●自己中心性指標（3r＋(2)/R）は自分自身に注意が向かう程度を示す。そして、FD（形態立体反応）は自己の客観的内省、V（濃淡立体反応）は自己の否定的内省を示す。

感情のクラスター

FC：CF＋C	＝	0：1
Pure C	＝	0
SumC'：WsumC	＝	2：1
Afr	＝	3
S	＝	3
Blends：R	＝	5：24
CP	＝	0

猫川さんの思考プロセス

・色彩反応であるFC、CF、Cはすべて合わせても1個しかない。そしてSumC'>WSumCだから、積極的に感情を表出するよりは、自分の中に抑え込む動きの方が強いんだろう。Afrも0.33と低いので、情緒的交流が生じるような人の集まりには参加しにくいことの方が多いみたいだ。

・職場の人間関係においても、上司や同僚と雑談のような何気ない会話を楽しむことや、皆で輪になって話している中に入っていくことが難しいと感じるみたい。事前情報に「同僚に不満を言うけど分かってもらえない」とあったけど、どのくらい岩崎さんの感情が相手に伝わっているのか、もしかすると感情表出が弱いから伝わりにくいのかもしれない。

ここがポイント！

●感情のクラスターでは、感情をどのように用いているのか、コントロールの程度、ネガティブな感情の存在、感情による混乱がどの程度生じるか、などを検討する。

●C（彩色反応）は社会場面に応じた感情表出の程度を示す。またAfr（感情の比率）

は情緒含みの場面に対する関心の強さを示す。

情報処理過程のクラスター

Zf	=	17
W：D：Dd	=	17：5：2
W：M	=	17：7
Zd	=	+3.0
PSV	=	0
DQ+	=	10
DQv	=	4

猫川さんの思考プロセス

・情報処理過程、認知的媒介、思考の 3 クラスターを順に見ていこう。

・情報を入力する過程を示す情報処理過程だと、W：D：Dd の比率では Dd が 2 個と少ない。物事に目を向けるときには、岩崎さんは多くの人と同じような領域に目を向けることができ、自分のこだわりを発揮することはなさそうだ。

・W：M ではWの方が多いし、Zf や Zd も少し多め。意識的に目を凝らして、目の前にある情報の把握に努めるのだろうし、少し頑張りすぎてしまうかもしれない。

ここがポイント！

●情報処理過程、認知的媒介、思考の 3 つのクラスターは「認知の三側面」と呼ばれ、外界の情報の入力、入力された情報への判断、情報の思考とその表出をそれぞれ示すといわれる。

●情報処理過程のクラスターでは、情報処理する際の認知的努力の程度、その処理の質や一貫性、問題の有無を検討する。

●W：D：Dd は情報に対する把握の仕方、W：M は努力や野心の程度、Zf は情報収集にあたっての意欲、Zd は視覚情報を取り入れる際の効率性をそれぞれ示す。

認知的媒介のクラスター

XA%	=	0.79
WDA%	=	0.81
X−%	=	0.21
S−	=	1
P	=	5(6)
X+%	=	0.63

Xu%	=	0.17

・現実検討力にまつわるXA%やWDA%、X－%など形態水準のoやu、－の割合を見ても、現実検討力に大きな問題は見られない。目の前の物事を多くの人と同じように現実的に吟味することができそうだ。

・P反応も4個以上あり、常識的な見方もできるようだ。ただ発達水準のvが4個で少し多い。ローデータを確認すると、そのすべてが色彩カードでの反応だ。つまり、目の前の情報の中に感情を揺さぶるような刺激があると、その情報を漠然としか処理できなくなってしまうかもしれない。

ここがポイント！

●認知的媒介のクラスターでは、入力された情報をどのように判断しているのか、現実検討の質、常識的な見方、慣習的な判断や行動の有無などについて検討する。

●XA%、WDA%、X－%は現実検討力の程度、P反応は社会通念や慣習に沿った知覚の程度を示す。

思考のクラスター

a：p	=	9：8	Sum6	=	1
Ma：Mp	=	2：6	Lv2	=	0
2AB＋Art＋Ay	=	0	WSum6	=	4
MOR	=	2	M－	=	2
			Mnone	=	0

・非現実的な思考を示唆するSum6やLv2、WSum6は少ない。M－が2個あって、どちらも「こちらを見てくる人の顔」なので、他者の視線に対して非現実的な恐れや警戒心があるのだろう。

・人間運動反応のMは、MaよりもMpの方が多い。いろいろと思考し続けるものの、自ら行動に起こすことは非常に難しく、周囲が手を伸ばしてくれたり、あるいは背中を押してくれるのを待つ姿勢になりやすいようだ。岩崎さんが会社で困っていることに対して、不満や愚痴を漏らすことはあるけれど、対策を立てて行動するという現実的な行動に移すことの難しさが関係していそう。

・現実検討力が悪くはないことや他者に対する期待があることを考えると、カウンセリングによって自身の対処方法や他者との関わり方について考えを深めることができれば、今のあり方を変えていくことができる人かもしれない。ただ、信用できる関係を築くまでに時間がかかる人だから、初期には岩崎さんにあまり侵襲的にならないような関わり方や不信や恐さについて話し合うのがよいかな。

ここがポイント！

●思考のクラスターでは、思考をどのように用いるのか、辺縁（へんえん）思考活動の有無、現実検討に悪影響を与える独特の思考活動があるかどうか、などを検討する。

●MおよびSum6、Lv2、WSum6などは思考活動の質を示す。また、Ma：Mpは思考が現実的な行動に結びつく程度を示す。

所見

これまでの情報を踏まえて、猫川さんは所見を作成した。

事前情報と検査データを合わせて明らかになったこと

抑うつ症状に関連する強い気分の変動を示唆するサインは見られませんでしたが、対人関係でのうまくいかなさや対処できない感覚を示唆するサインがあります。また、直近に強いストレス状況があり、これが現在の仕事に関連していると考えられます。何とかしなければならないと考え、焦りが強まり、頭の中は常に緊張状態にあって、多くのエネルギーが費やされるにもかかわらず、どう対処をすればよいのか分からずに疲弊してしまうのでしょう。

P. 150

P. 151

パーソナリティの傾向として、岩崎さんは即座に行動に移して目の前の物事に対処するよりも、慎重に熟考してから行動に移すようです。それは新しい物事や他者に対する警戒心の強さに由来していて、慎重に慎重を期して行動しようとしますが、その分、臨機応変に対応できないこともあるでしょう。また、十分に考え尽くしたとしても、なかなか実行に移せないことも多いようです。誰かに強く後押しされることを期待して、自分一人では動けなくなってしまうこともあるでしょう。

P. 152

対人関係については、周囲と一定の関わりを持つことができるようですが、他者と自発的に関係を築いていくことには消極的です。人の輪の中に入ることはあまりせず、他者と一緒に感情体験をすることはあまり得意ではないようで、むしろ戸惑ってしまうようです。そして他者に感情を表出して共有するよりは、自分の中で抑え込んでしまうところがあります。また、相手から自身がどのように見られ、評価されているのかを気にすることが多いようです。他者に対する警戒心や疑念が強いので容易に信頼関係を結ぶことは難しいのでしょう。

P. 153

P. 153

検査データをふまえた今後に向けての解決策

現実的な対処方法が分かれば新たな方法を学ぶこともでき、他者に頼りたいという気持ちもあるようです。カウンセリングを通して、具体的な仕事の取り組み方や対人スキルなどの情報を取り入れて、自信がどうしたいのかについて考えを深めることができる機会は役に立つと考えられます。ただ、カウンセラーに対しても初期は警戒心や疑念を抱くことが十分に考えられるため、岩崎さんが支えられていると感じることのできる丁寧な関係づくりや、率直に話し合う関係性を意識することが重要になるでしょう。

P. 152, 156

・総合すると、抑うつと関係する強い気分変動を示すサインはない。それよりも対人関係のうまくいかなさを示すサインがあるのが気になる。直近に何かストレスを感じる出来事もあるみたいだ。頭でじっくり考えてから取り組む思考型で、考え始めるとなかなか動けないタイプかな。慎重に考えるのは良い面でもある。
・対人関係では深い関わりを持つことは得意としないようだ。感情を表出して一緒に体験するよりは自分の内側に抱えこんでしまう。警戒心も強いからなかなか信頼関係も築きにくいのだろう。他者に頼りたいという気持ちはあるから、相手によっては頼ることができるかもしれない。例えば、カウンセリングのような第三者と話せる場が、自分の困りごとを整理して考え、話せる場所になるかもしれない。
・現実検討の力をしっかり持っているから、カウンセリングで話し合った内容について考えて、必要な考え方を取り入れて、今までのやり方を変えていく力はもっている。この人の対処様式と対人関係のあり方を中心に所見をまとめてみよう。

ここがポイント！

●ロールシャッハ・テストを所見にまとめる際は、精神症状がある場合にはそれを示唆するサインの有無、心理的資質とストレス耐性、社会生活を送るだけの心の資源があるかどうか、物事への対処様式とその特徴、対人関係における特徴と社会的スキルの在り方、感情の体験や表出の程度とその特徴などを確認し、クライエントにとって重要な情報に焦点を当てる。

6. 総合所見について

各検査の所見を書いた後、それに加えて総合所見を作成します。

総合所見では、検査の目的を改めて確認し、それぞれの検査結果から分かったことの重なりはどこか、あるいは異なる場合にはなぜ異なる結果になったのか、それらを分析し、総合所見にまとめあげていきます。

【検査の目的】
・言語能力や認知能力、作業能力の得意・不得意のバランスを見たい。
・岩崎さんの能力面と仕事内容とがマッチしているか。
・パーソナリティ傾向が気になる。

・対人関係で不満が溜まる場面でどのような対処をとる傾向にあるか。
・無意識的な自己像。
・エネルギーをどのように処理しているのか。
・カウンセリング適応かどうか。

「言語能力や認知能力、作業能力の得意・不得意のバランスを見たい」「岩崎さんの能力面と仕事内容とがマッチしているか」について

●事前情報から

・上司への不満は、急に仕事を振られること、無理な期日にもかかわらず守れなかったら怒られること、仕事をうまく進めても褒めてもらえないこと。
・言語でのやりとりは問題なく、意志疎通も取れている。社会性もある。

●WAIS-Ⅳから

・合成得点間の差が大きいということは、得意・不得意の差が大きい。
・言葉を理解したり、言葉で表現したり、言葉の知識を蓄えておくことが一番得意といえるだろう。
・語彙の知識は豊富であっても、その知識を使って十分に推論し、筋道を立てて話すことは少し苦手なようだ。
・言葉を使って説明するときに、一生懸命言葉にする努力をしても、頭の中にある内容をしっかり表現するのは苦手なようだ。
・単純な視覚情報を素早く正確に判断して、その結果を正確に書くことが苦手なようだ。
・じっくりと考え、難しい課題に対してもあきらめずに取り組むことができる。
・「間違えたくない」という気持ちが強い。時間制限や「速く正確に」などプレッシャーがかけられる場面では、素早く判断して回答をすることが難しくなる。
・感情をすぐに表出したり、目に入った情報に反応したりしてしまうところがある。そうしたことにも自覚的で、プレッシャーがかけられる場面では「ミスをしないようにしないといけない」と意識している。
・「間違えたくない」という思いは、考える意欲や集中力を増す原動力になっている。
・困難な課題に対して素直に「わからない」と伝えることが難しく、言葉で上手く表現できないことと相まって、困っていることが周囲に上手く伝わっていない可能性がある。
・言葉を使って仕事をすることは得意分野を活かすことになる。
・自分のペースでじっくりと取り組むことができる環境においてパフォーマンスを発揮しやすい。

・上司が急に仕事をふってきたり、期日を決めたりすることは苦手なこと。
・ミスが生じないようにするための意識が人よりも多く必要とするため、疲弊(ひへい)しやすいと感じる。
・困難な状況において、そのことを素直に人に伝えることができない。
・事前に考えていること、伝えたいことを紙に書き出しておくなど、落ち着いて表現できる準備をすることが望ましい。

●P-Fスタディから

・漢字や文法のミスはなく、知的な問題はなさそう。
・まれに言いたいことが相手に伝わりにくい反応をすることもあるよう。

猫川さんの思考プロセス

・能力的な得意・不得意の差が大きく、それが仕事のしにくさにつながっているようだ。**語彙力や一般知識はもっている人だから、言葉を使って仕事をすることは得意だし、それは強み。接客する営業という業種は合っているのだろう。**
・**その一方で、自分の気持ちを伝えるときには困難が生じやすいようだ。**理由は2つ考えられる。1つは、帰納的に筋道を立てて思考することの難しさから十分に表現できずに相手に伝わらない可能性がある。2つ目は、素直にわからないことを相手に伝えること自体が難しいからだ。**事前に伝えたいことを書き出しておくというのは有効な対処法だろう。**
・**苦手なことは、単純な視覚情報を素早く正確に判断して、その結果を正確に書くことだ。**「間違えたくない」という思いから、時間制限やプレッシャーがあると、素早く取り組めない。**時間が迫っているなかでの事務作業やデスクワークは、岩崎さんには辛いだろう。**岩崎さんの訴える上司への不満は単なる愚痴(ぐち)ではなくて、岩崎さんの能力と上司の要求のミスマッチに由来しているようだ。**上司に業務の割り振りを相談することが有効**かな。

ここがポイント！

●WAIS-Ⅳの結果を中心に、言語能力や知的能力、作業能力の得意・不得意について分析する。現在の業務内容とマッチしているのかどうか、マッチしていないとすればどのような能力や特性の影響があるのか、そしてその対処法について仮説を立てる。

「パーソナリティ傾向が気になる」について

●事前情報から

・受付スタッフの情報では、丁寧で挨拶もできている。

・意志疎通は良好で、社会性もある。

●WAIS-Ⅳから

・「間違えたくない」という気持ちが強いことから、時間制限や「速く正確に」などプレッシャーがかけられる場面では、素早く判断して回答をすることが難しくなる。

・感情をすぐに表出したり、目に入った情報に反応したりしてしまうところがある。

●バウムテストから

・自分の中で何を感じているのか、どう考えているのかをしっかり意識できている。

●ロールシャッハ・テストから

・何事もよくよく考えるタイプ。即座に行動に移して目の前の物事に対処するよりは、慎重に熟考してから行動に移す。

・新しい物事や他者に対する警戒心の強さに由来していて、慎重に行動しようとするが、その分、臨機応変に対応できないこともある。

・十分に考え尽くしたとしても、なかなか実行に移せないことも多い。誰かに強く後押しされることを期待して、動けなくなってしまうこともある。

・対人関係については、周囲と一定の関わりを持つことができるようだが、他者と自発的に関係を築いていくことには消極的。

・人の輪の中に入ることはあまりせず、他者と一緒に感情体験をすることはあまり得意ではないようで、むしろ戸惑ってしまう。

・他者に感情を表出して共有するよりは、自分の中で抑え込んでしまう。

・相手から自身がどのように見られ、評価されているのかを気にすることが多い。

・不満や怒りよりも、他者に対する警戒心や疑念が強いので容易に信頼関係を結ぶことは難しい。

猫川さんの思考プロセス

・岩崎さんは**何事も慎重に考えてから行動するタイプ。**自分の中にある考えや感じていることにも目を向けることのできる人ではありそう。ただ慎重さが行き過ぎると、それでかえって自身の行動を制限することになって、仕事のしにくさに繋がるんだろう。**考え込みすぎて動けなくなってしまうというのは、仕事への対処法や今後のことに向けた行動のしにくさとも関係していそう。**

・WAIS-Ⅳではすぐに感情を表出すると結果が出ていて、ロールシャッハ・テストでは感情を表出するよりは抑え込んでしまうと結果が出ている。**この差はなんだろう？** WAIS-Ⅳにおける「感情」というのは、作業に取り組んでいる最中に思っていることがぽろりと漏れ出てしまうようなことを指していて、ロールシャッハ・テストにおける「感情」は自分がどう感じているかということを言語化して表現するものなのだろう。**作業の最中に感情が意図せず出てしまうことはあるのだろうし、自発的に感情を他者に表出して、共有するのは苦手なのかな。**

ここがポイント！

- パーソナリティ検査の結果を中心に、普段の受診時の様子やWAIS-Ⅳにおける検査中の反応なども総合して、パーソナリティ傾向を分析する。
- 得られたパーソナリティの特徴が、今のクライエントにどのようにつながっているのか仮説を立てる。
- 矛盾している仮説がある場合には、その情報が得られた検査の特徴をかんがみて、仮説がどのように統合できるかを試みる。

「対人関係で不満が溜まる場面でどのような対処をとる傾向にあるか」について

●事前情報から

・無理な期日にもかかわらず守れなかったら怒られる。仕事をうまく進めても褒めてもらえない。

・同僚への不満は、岩崎さんの不満に対して同意してもらえないこと。

●WAIS-Ⅳから

・困難な状況において、そのことを素直に人に伝えることができないため、周囲には困難さが十分に伝わっていない可能性。

・事前に考えていること、伝えたいことを紙に書き出しておくなど、落ち着いて表現できる準備をすることが望ましい。

●バウムテストから

・円滑に関わりを持つことはできている。

・他者との関わりにおいて自分の伝えたいことを端的に、率直に表現することはできるものの、相手にどのようにすれば伝わるのかを考え、自身の意図を細やかに伝えようとすることはあまりしない。

・現実体験に、自身の空想が混ざってしまうことがあるため、自分なりの理解で済ませてしまうこともある。

●P-F スタディから

・対人関係においてその場の文脈を理解することができ、多くの人と同じように、その場に求められる常識的な態度をとることができる。
・フラストレーションが生じる場面では、相手に対し自分の言いたいことを直接主張することが多い。
・不満や不平を言葉にする。
・言い方があまりに攻撃的なものになれば、相手との間でトラブルになることもある。
・場面に応じて謝罪したり、相手に対して寛容な態度を示す。自身の思いを伝えたいという姿勢の強さが語気の強さや態度に現れる。相手に一方向的な印象を与えることもある。
・解決の際には、他者に解決を求めたり、事態が解決するまでその場の流れに従ったりすることができる。
・自ら解決に向けて動く、あるいは解決を提案するということがとても難しい。周囲からは、相手に対して強く主張するにもかかわらず、自身は一切、問題解決に向けた行動を起こそうとしないという風に批判的に評価されることもあるかも。

猫川さんの思考プロセス

・今までの結果から、岩崎さんの能力に合った業務の取り組み方と上司の指示との間に齟齬(そご)があるように思っていたけど、それだけではなく、岩崎さんが**直接的に相手に非を主張する傾向もある**とわかる。
・事前情報には「無理な期日にもかかわらず守れなかったら怒られること」「仕事がうまくいっても褒められないこと」とあったけれど、どのようなコミュニケーションをしているんだろう？　**同僚への不満**についても、事前情報では「岩崎さんの不満に同意してもらえないこと」とあったけど、**もしかすると上司への不満ばかりを言っているのかもしれない。上司や同僚に対してどのように関わりをもつとよいか、その対人スキルを習得することも役に立つ**だろう。
・岩崎さん自身が**解決に向けて行動しない**というのもあるのだろう。自分が解決に向けて行動する姿勢を見せないと、上司や同僚からの印象もよくないだろう。**自分で考えるばかりでどのように行動に移すのがよいか、判断がつかないというのもあるかもしれない。**

ここがポイント！

●対人関係における対処については、WAIS-Ⅳの言語表現の能力や、バウムテストの結果に見られる社会性や他者との関わり方、P-F スタディに見られる対人文脈の理解度やフラストレーション場面での傾向などの情報から分析する。

●事前情報における対人場面での特徴や困りごととどのように一致しているのか、検査結果から推測される背景や、今後の工夫の仕方について考える。

「無意識的な自己像」について

●事前情報から

・岩崎さんにある困りごとの多さ。
・主治医曰く、今は気分の落ち込みはなく、会社に対してずっとイライラしている。
・言葉でのやりとりは十分にでき、誇大表現やごまかしたりする可能性も低い。
・家族や友人との関係性は把握していない。家族に連絡してほしくないと言っている。
・結婚はしていない。

●バウムテストから

・子どもの頃の外傷体験が今なお意識されている。

●ロールシャッハ・テストから

・強い気分の変動を示唆するサインは見られないが、対人関係のうまくいかなさや対処不全の感覚を示唆するサインが見られている。
・対人関係については、周囲と一定の関わりを持つことができるようだが、他者と自発的に関係を築いていくことには消極的。人の輪の中に入ることはあまりせず、他者と一緒に感情体験をすることはあまり得意ではないようで、むしろ戸惑ってしまう。
・他者に感情を表出して共有するよりは、自分の中で抑え込んでしまう。
・相手から自身がどのように見られ、評価されているのかを気にすることが多い。
・他者に対する警戒心や疑念が強いので容易に信頼関係を結ぶことは難しい。

猫川さんの思考プロセス

・幼少期の情報は不足しているから、現時点では所見に書くことはできない。他の検査所見にも外傷体験にまつわるサインは見られなかった。
・うつ症状は**対人関係の難しさや対処不全の感覚**から現れたのだろう。能力的な仕事の難しさと、**対人コミュニケーションのパターンの影響が大きい**かな。**十分に自ら意識できていない**から、診察でも上司や同僚の不満に終始するんだろう。
・**対人関係についても会社の同僚程度の人間関係はあっても、深く関わりをもつことはなさそう。だから自分の困りごとや悩みを相談することもないのだろうし、関わる前**

に警戒心や疑念が勝ってしまうのかもしれない。

・主治医の診察も2週間に1回の頻度で受診し、困りごとを訴え続けているけど、会社へのイライラの訴えが一辺倒になっているのは、コミュニケーションの苦手さからきているんだろう。

・今回の結果について**会社の上司や同僚に、今後の仕事の取り組み方について具体的に相談できれば、岩崎さんも理解してもらえていると感じるし、仕事仲間としての関係はよりよくなるかもしれない。**

ここがポイント！

●無意識的な自己像については、バウムテストやロールシャッハ・テストから自己イメージや、本人があまり意識していないであろう特徴や方略を知ることができる。また、事前情報にあるクライエントの意識的な訴えとの一致や不一致について検討する。

●検査目的にあるクライエントの困りごとが、クライエントが意識できていない領域の中にどのような要因がありそうか、どの程度意識できそうかについて推測する。

「エネルギーをどのように処理しているのか」について

●事前情報から

・主症状は抑うつと中途覚醒。

・SDS48点。中等度の抑うつ性あり。

・トータルの睡眠時間は6時間程度。中途覚醒あり。

・身体症状は改善傾向。

・休職はしていない。残業時間は月20時間を超えていない。

●WAIS-Ⅳから

・上司が急に仕事をふってきたり、期日を決めたりすることは、苦手なことで、ミスが生じないようにするための意識が人よりも多く必要とするため、疲弊しやすいと感じる。

●バウムテストから

・一定の精神活動エネルギーを有している。

●ロールシャッハ・テストから

・直近で解決しなければならないストレス状況の存在が示唆されており、これが現在の就労状況に該当する。

・何とかしなければならないという考えと焦りが強まり、脳内は常に緊張状態にあって、多くのエネルギーが費やされるにもかかわらず、どう対処をすればよいのか分からないと疲弊してしまう。

猫川さんの思考プロセス

・仕事をするエネルギーはあるみたいだけれど、今の上司からの仕事の振られ方では、**ミスをしないようにとかなり気を張りつめてしまう**みたいだ。
・仕事での緊張感も強いようだ。周囲に理解を得つつ**仕事の進め方が改善されれば、今の疲弊のしやすさや緊張感は薄れる可能性がある。**

ここがポイント！

●精神活動エネルギーについては、WAIS-Ⅳでの様子やバウムテストの精神活動エネルギーの状態、ロールシャッハ・テストにみられる内的資源の状態を基に分析する。
●事前情報にある心身の状況とどの程度一致するのか、一致しないとすれば、エネルギーの消耗はどのように生じているのかについて検討する。

「カウンセリング適応かどうか」について

●事前情報から
・２週間に１回の受診頻度。
・誰かに助けてほしいという気持ちが大きい一方で、それが適切に表現されておらず、身近な人間関係よりも専門機関の方が頼りやすそう。
・経済力や生活力はある程度ある。

●P-F スタディから
・どのようにすれば困難な状況を解決できそうか、岩崎さんが自分なりの解決法や対処法を提案し、行動に移していくことが必要。それを事前に具体的に準備することが役に立つ。

●ロールシャッハ・テストから
・現実的な対処方法が分かれば新たな方法を学ぶこともできる。
・他者に頼りたいという期待もあるので、カウンセリングを通して、具体的な仕事の取り組み方や対人スキルなどの情報を取り入れて、自身がどうしたいのかについて考えを深めることができる機会は役に立つ。
・カウンセラーに対しても初期に警戒心や疑念を抱くことは十分に考えられる。支えられていると感じることのできるような丁寧な関係づくりや、率直に話し合う関係性を意識することが重要。

・**カウンセリングを導入**することで具体的な仕事の取り組み方や、対人スキルの改善に向けて話し合うことはできそう。実際に具体的な行動に移すのには、あと押しや支えが役立つ人だろう。

・しかし、警戒心や疑念のようなものが働いてしまうと、カウンセリングの内容について、後で思ったことや感じたことを十分に話し合えなかったり、中断してしまうこともあり得るから注意が必要。

ここがポイント！

●カウンセリングの適応については、事前情報からは現実的に通うことができるかどうか、P-F スタディやロールシャッハ・テストの結果からはカウンセリングでどの程度内省して考えることが可能かどうか、具体的な心理教育をする場合には、その内容を生活の中に取り入れられそうか、カウンセラーとどのように関係を結ぶことができるか、などを検討する。

総合所見

これまでの情報を踏まえて、猫川さんは総合所見を作成した。各検査目的に対応した解釈か番号をつけている。

認知能力・作業能力と仕事との関係

岩崎さんの言語能力や認知能力、作業能力に得意・不得意に偏りがみられます。全体的な知的水準は平均的ですが、能力のアンバランスさから仕事や生活において苦労していると考えられます。

岩崎さんは、知識や言葉を活用することを得意としており、人との関わりがある営業という業種は適しているようです。一方、制限時間やプレッシャーの中で、視覚情報を素早く正確に判断して、それを書き表すという作業を苦手としているようです。上司は岩崎さんにとってはそれほど難しくない作業だと判断して仕事を割り振っている可能性がありますが、岩崎さんのペースには合っていないのでしょう。岩崎さんは現在、自身のペースに合わない仕事をこなさなければならず、それによる疲労感や緊張感を抱いているようです。できるだけ自分のペースで取り組める仕事の配分を調整してもらうことが望ましいでしょう。

P. 158～159

P. 158～159

パーソナリティと行動

性格については、岩崎さんは何事も慎重に考えてから行動するタイプです。物事を丁寧に取り組むうえでは重要な特徴ですが、一方で慎重さが過剰になり、かえって行動に移せなくなることもあるようです。その背景には、「間違ってはいけない」といった思いや、他人が自分をどのように評価しているのか分からないという警戒心や疑念があるようです。

P. 160

対人場面での対処

対人関係においては、常識的な振る舞いができており、他者とのコミュニケーションもスムーズに行うことができているようです。しかし、相手との間に不満が生じてしまうような場面では、率直に相手の非を主張する傾向があります。岩崎さんにとっては間違いを指摘しているだけかもしれませんが、相手からはやや一方的に言われていると感じることもあるでしょう。また、問題解決に向けた提案や行動を自分から率先して行わない傾向があります。そのため、言いたいことは言うけれど改善のための具体的な行動を起こさないと思われてしまうこともあるかもしれません。

P. 162

対人コミュニケーション

岩崎さん自身は自分の考えを相手に伝えようと努力しているのかもしれませんが、うまくできていないようです。その理由の一つに、帰納的に筋道を立てて考え、それら思考の道筋を言葉で表現するのが難しいことがあります。またもう一つは、素直に思考や感情を相手に伝えることが難しいということです。岩崎さんは元々、他者と感情を共有することが少なく、それが相手に対する警戒心や疑念を強める要因になっているかもしれません。仕事として、社会的に良好なコミュニケーションはとることができますが、親密な関係を結ぶことは難しいようです。

P. 159, 162

P. 163～164

今後に向けての具体的対処法および治療案

対策としては、事前に自分が伝えたいことや考えていることを紙に書き出しておくなどの準備をすることが有効です。それによって自分の思考を整理し、落ち着いて表現することができます。また、具体的な仕事の取り組み方や上司や同僚との関わり方については、適切に自分の希望を理解してもらうための対人スキルを見直すことも重要です。これらはカウンセリングを受けることで、よりよいコミュニケーションを可能にするスキルと併せて習得することができるでしょう。

P. 163～164
P. 165～166

猫川さんの思考プロセス

それぞれの検査目的について解釈仮説を立てることができた。ここから総合解釈を作成してみよう。主治医も診療時で時間がないだろうし、合間の時間でも読むことのできるように、できるだけ大量の文章にならないように整理しながらまとめよう。

ここがポイント！

- 総合所見は、検査目的に沿って、検査結果から得られた解釈を中心に構成する。
- 解釈仮説で用いた用語をそのまま用いるのではなく、総合所見を読む依頼者に伝わるような内容を心がける。

7. フィードバックについて

全ての検査を実施し終え、所見が作成できたら、フィードバックの準備を行います。フィードバックとは、検査についてわかったことをクライエントなどに説明しながら、情報提供やカウンセリングの提案などを行うことを指します。

医療機関では、原則医師（主治医）がクライエントに直接フィードバックすることになっています。結果をまとめた心理職は医師のニーズに沿った結果を伝え、クライエントへのフィードバックの方法や内容について確認します。

以下は、岩崎さんの主治医である院長に、心理検査の結果をお伝えする場面のやりとりです。

猫川「岩崎さんの心理検査の所見ができましたので、報告させてください（所見を書いた用紙を渡す）」

院長「お疲れ様。どのような結果になったかな？」

猫川「まず知的水準は全体的に平均域と言ってよいと思います。ですが、得意・不得意の差は大きいですね。岩崎さんは知識や言葉を用いることは得意なのですが、制限時間やプレッシャーがある中で事務作業を行うことは苦手です。ですので、上司から期日を決められ、プレッシャーをかけられるという状況がしんどいのだと思います」

院長「なるほど」

猫川「それと、岩崎さんは何事も慎重に考えてから行動するタイプで、『間違ってはいけない』という思いも強いようです」

院長「慎重なんだね。だから休職や転職についても慎重になっているのかな」

猫川「恐らくそうだと思います。それに加えて、問題解決に向けて自分から行動したり提案したりすることが難しいようです。またやりとりはスムーズにできますが、不満が生じるような場面では、率直に指摘しすぎてしまうところがあるようです。また、筋道を立てて説明をしたり、岩崎さん自身の考えを言葉にすることは難しいところがあるみたいです」

院長「だから不満ばかり語っているように聞こえるんだね」

猫川「そうですね。不満に思っていること自体は率直に言葉にしやすいようですが、不満に感じている理由を説明をするのは難しいようです。意志疎通も問題なく取れる方ですし、カウンセリングの中で、どのように言葉にして表現したらいいか一緒に考えていくことは役に立ちそうです」

院長　「なるほど、そうするとカウンセリングを勧めてもいいね」

猫川　「はい。それと抑うつ症状についても対人関係がうまくいかないことや対処できない感覚に由来するところが大きいという結果が出ていました。カウンセリングで具体的な対処法や人とのかかわり方についても考えていくのも役に立つのではないかと思うんです」

院長　「そうなんだね。じゃあやっぱり、抗うつ薬はもうなくしていこうかな」

猫川　「岩崎さんは慎重な方ですし、もしかすると不安に思われるかもしれません。でも、全般的に、具体的な提案をされること自体は、ご本人の助けになっているようなので、薬を止めるという提案をすることはしてもよいのではないでしょうか」

院長　「そうかあ。いろいろ提案し続けてみようかな」

猫川　「そうですね、変わりにくい方ではあると思いますけど」

院長　「後で所見もしっかり読ませてもらうね」

猫川　「ありがとうございます。私から結果について岩崎さんにご説明した方がよいところがあれば、仰ってください」

院長　「わかったよ」

後日、岩崎さんは院長から心理検査のフィードバックを受け、カウンセリングを勧められました。カウンセリングの担当は引き続き猫川さんが担当することになり、初回面接では「改めて猫川さんから心理検査のフィードバックを受けたい」との希望があったとの申し送りがありました。

以下は、岩崎さんへの心理検査のフィードバックのやりとりです。

猫川　「お久しぶりです。カウンセリングをご希望されたと聞きました。その前に心理検査のフィードバックも受けたいと……」

岩崎　「お久しぶりです。院長先生から、検査結果について詳しく聞きたいなら、直接聞いた方がいいと言われて」

猫川　「そうですね。主治医からの説明の中でどこか気になったところはありましたか？」

岩崎　「できればもう一度、全体的に説明してもらってもいいですか？（持参した所見を取り出す）」

猫川　「もちろん大丈夫です。では、説明しますね。岩崎さんは、知的には年齢相応の力をしっかり備えています。ですが得意・不得意の差がとても大きく、それが現在の不調の一因となっているようです。一般的な知識や語彙力が高いですし、社会性も十分備わっていますので、今の営業職は向いていると思います。でも、制限時間やプレッシャーがあるなかで、早く正確に書いたり処理したりすることは苦手なので、事務作業の時に限られた時間の中で仕事を振られて作業量が増えるとプレッシャーになって、ストレスを感じやすいのではないでしょうか。性格的にも、慎重に物事を行いたいタイプのようですし（岩崎さんの顔を見る）」

岩崎　「そうなんです。営業職といっても、営業のための資料を準備したり、伝票を作ったりと事務も結構多いんですが、間違えたらいけないじゃないですか。だから、きちんとやらないと、と思うと、手をつけにくくなるんですよ」

猫川　「事務作業に対する苦手意識もあるんでしょうね。（WAIS-Ⅳの合成得点のところを指し示しながら）特に言葉を使う力と処理する力の差が大きく、できる・できないの差を感じやすいので、ご自身の中では『できない』という感覚になりやすいと思います。でも、処理する力も数値としては平均域ですし、上司からはその苦手さが見えにくいため、『できるだろう』と思われて仕事を割り振られてしまうのでしょうね」

岩崎　「ああ、そうなのかもしれません」

猫川　「岩崎さんは、『できない』とか『わからない』という気持ちを素直に表現することが苦手なようですし、ご自身の考えを、筋道を立てて順を追って説明することも苦手なところがあるので、余計に伝わりにくいところがあるのだと思います」

岩崎　「結構、はっきりものを言うタイプではあると思うんですが」

猫川　「そうですね、素直に感情を表現されたり、意見を主張することはできておられます。ですが、『できない』とか『わからない』とか、困っている様子を他者に表現しにくいようです。検査時にも、難しい課題でもすごく真剣に考えられていて、じっくり考える方なのだろうなと感じました。それと、はっきり物をおっしゃられるので、思いが強すぎて、知らず知らずの間に少し一方的な表現になっているところがあるのかもしれません」

岩崎　「『言い過ぎ』ということですか？」

猫川　「言っている内容というよりは、言い方や表現方法、口調などに気を付けるだけでも印象は変わると思います。論理的に伝えるよりも感情的に伝えてしまうところがあるようなので、仕事量の調整について相談する際には、事前に伝えたいことを紙に書いておくといいかもしれません。困っていることやわからないことなども一緒に伝えられたらいいですね」

岩崎　「ここに書いてあるように、自分のペースで仕事をさせてもらえて、上司からグチグチ言われなかったら、ある程度仕事はこなせるんですけどね」

猫川　「そうなんですね。ご自身のペースで仕事を進めるというのは確かに大事です。ですので、上司に相談する際は岩崎さんにとっての『自分のペース』をわかりやすく伝えることが大切です。今後、カウンセリングの中で、上司に伝えたいことを一緒に検討して、どうすれば伝わりやすいかを考えることもできます」

岩崎　「そうなんですよね、どう言ったら伝わるのやら。カウンセリングって、他の人はどんなことを相談しているんですか？」

猫川　「ご相談内容は本当にさまざまですね。対人関係で困っているとか、症状を軽減したいとか、お仕事の進め方とか。今、『他の人は』とおっしゃいましたが、検査結果でも、周りの人のことが気になっているということが出てきました。人からどう見られているのか、他の人はどうしているのかが気になってしまうことも岩崎さんのしんどさにつながっているようです」

岩崎　「いや、まぁ……なんとなくちょっと聞いただけなんですけどね」

猫川　「カウンセリングが進んでいく中で、相談内容が変化していくことも珍しくありません。まずは、自分のペースで仕事を進めるために、上司とどのような交渉ができそうかを話し合っていきませんか？」

岩崎　「はい、お願いしたいです」

猫川　「承知いたしました。心理検査について他に気になっているところや、質問したいところはございませんか？」

岩崎　「この検査って定期的に受けた方がいいものですか？」

猫川　「WAIS-Ⅳは、次に受けるとしたら１年以上空ける必要があります。成人してから数値が大きく変わるということはあまりないので、今回受検した分だけで十分かと思います。バウムテストやロールシャッハ・テストは、その時々の心理状態が反映されやすいので、状況や症状に変化があった際には、もう一度受けてみることを提案するかもしれません」

岩崎　「そうなんですね。わかりました。今回受けてみて面白かったので、また受けてみたいです。ちなみに、どの問題でどう答えたからこの結果になったのかって教えてもらうことはできないですか？」

猫川　「申し訳ないのですが、それはできない決まりなんです。また次も受けてみたいということですし、答え方がわかったり、解答を知ってしまうと、結果にも影響が出てしまいます。気になるというお気持ちはわかるのですが……」

岩崎　「いえいえ、聞けたらいいなと思っただけなので。わかりました」

フィードバックを行う際には、心理検査の目的に沿って説明することを心がけます。医師の場合には、短い時間で要点をしぼって端的に伝えることが好まれるでしょう。所見に書いていることをそのまま読み上げるのではなく、医師が診察でクライエントと結果を共有するときに活用しやすくなるように意識して伝えます。

クライエントへフィードバックする際は、クライエントが理解できているかを確認しながら所見の内容を丁寧に説明します。できるだけ専門用語を使わずに、クライエントの現状に即して具体的な表現を心がけます。クライエントにとって耳が痛い、聞くのが辛いと感じる内容を伝える際には、改善策も一緒に提案したり、クライエントの気持ちに寄り添った表現を用います。短所は、長所にもなり得るため、どちらの側面もあることを伝えましょう。

最後には、心理検査の結果を有効に活かすための方法について説明し、クライエントにわかりにくいと感じている点はないかを尋ねます。時には、実施した検査結果から明確にはわからないことを尋ねられることもあります。その際は、実施した検査について再度説明し、検査によってわかることの限界についても正直にお伝えしましょう。

ここがポイント！

●フィードバックは、心理検査実施のニーズに沿って行う。

●誰にフィードバックしているのかを意識し、相手に合わせた説明を行う。

●所見を今後に活かすためにはどうしたらいいかを具体的に伝える。

第6章チェックリスト

□各心理検査を実施する目的について確認

□検査データと行動観察などのクライエント情報を統合した仮説を立てているかを確認

□わかりやすい言葉で表現しているかを確認

□心理検査を実施する目的を解決できているかを確認

□総合所見を書く際には各検査の結果を検査目的即して整理できているかを確認

□フィードバックの際には、クライエントの反応を見れているかを確認

付属資料

診療報酬

注：同一日に複数の検査を行った場合であっても、主たるもの１種類のみの所定点数により算定する。

D283　発達及び知能検査

区分と保険点数	検　査　名
操作が容易なもの 80点	津守式乳幼児精神発達検査、牛島乳幼児簡易検査、日本版ミラー幼児発達スクリーニング検査、遠城寺式乳幼児分析的発達検査、デンバー式発達スクリーニング、DAM グッドイナフ人物画知能検査、フロスティッグ視知覚発達検査、脳研式知能検査、コース立方体組み合わせテスト、レーヴン色彩マトリックス及びJART
操作が複雑なもの 280点	MCC ベビーテスト、PBT ピクチュア・ブロック知能検査、新版K式発達検査、WPPSI 知能診断検査、WPPSI-Ⅲ知能診断検査、全訂版田中ビネー知能検査、田中ビネー知能検査Ⅴ、鈴木ビネー式知能検査、WISC-R 知能検査、WAIS-R 成人知能検査（WAIS を含む。）、大脇式盲人用知能検査、ベイリー発達検査及び Vineland-Ⅱ日本版
操作と処理が極めて複雑なもの 450点	WISC-Ⅲ知能検査、WISC-Ⅳ知能検査、WAIS-Ⅲ成人知能検査又は WAIS-Ⅳ成人知能検査、WISC-Ⅴ知能検査（疑義解釈）

D284　人格検査

区分と保険点数	検　査　名
操作が容易なもの 80点	パーソナリティイベントリー、モーズレイ性格検査、Y-G 矢田部ギルフォード性格検査、TEG-Ⅱ東大式エゴグラム、新版 TEG、新版 TEGⅡ及び TEG3
操作が複雑なもの 280点	バウムテスト、SCT、P-F スタディ、MMPI、TPI、EPPS 性格検査、16P-F 人格検査、描画テスト、ゾンディーテスト及び PIL テスト
操作と処理が極めて複雑なもの 450点	ロールシャッハテスト、CAPS、TAT 絵画統覚検査及び CAT 幼児児童用絵画統覚検査

D285　認知機能検査その他の心理検査

区分と保険点数	検　査　名
操作が容易なもの 「イ」簡易なもの 80点	MAS 不安尺度、MEDE 多面的初期認知症判定検査、AQ 日本語版、日本語版 LSAS-J、M-CHAT、長谷川式知能評価スケール及び MMSE
操作が容易なもの 「ロ」のその他のもの 80点	CAS 不安測定検査、SDS うつ性自己評価尺度、CES-D うつ病（抑うつ状態）自己評価尺度、HDRS ハミルトンうつ病症状評価尺度、STAI 状態・特性不安検査、POMS、POMS2、IES-R、PDS、TK 式診断的新親子関係検査、CMI 健康調査票、GHQ 精神健康評価票、ブルドン抹消検査、WHO QOL26、COGNISTAT、SIB、Coghealth（医師、看護師又は公認心理師が検査に立ち会った場合に限る。）、NPI、BEHAVE-AD、音読検査（特異的読字障害を対象にしたものに限る。）、WURS、MCMI-Ⅱ、MOC I 邦訳版、DES-Ⅱ、EAT-26、STAI-C 状態・特性不安検査（児童用）、DSRS-C、前頭葉評価バッテリー、ストループテスト、MoCA-J 及び Clinical DementiaRating（CDR）
操作が複雑なもの 280点	ベントン視覚記銘検査、内田クレペリン精神検査、三宅式記銘力検査、標準言語性対連合学習検査（S-PA）、ベンダーゲシュタルトテスト、WCST ウイスコンシン・カード分類検査、SCID 構造化面接法、遂行機能障害症候群の行動評価（BADS）、リバーミード行動記憶検査及び Ray-Osterrieth ComplexFigure Test（ROCFT）
操作と処理が極めて複雑なもの 450点	ITPA、標準失語症検査、標準失語症検査補助テスト、標準高次動作性検査、標準高次視知覚検査、標準注意検査法・標準意欲評価法、WAB 失語症検査、老研版失語症検査、K-ABC、K-ABCⅡ、WMS-R、ADAS、DN-CAS 認知評価システム、小児自閉症評定尺度、発達障害の要支援度評価尺度（MSPA）、親面接式自閉スペクトラム症評定尺度改訂版（PARS-TR）及び子ども版解離評価表

医学通信社＝編『診療点数早見表2023年４月増補版；［医科］2023年４月現在の診療報酬点数表』（医学通信社、2023年）を基に作成。

参考文献・引用文献

岡堂哲雄（監）（2005）『臨床心理学入門事典〔現代のエスプリ〕別冊』至文堂

小川俊樹・福森崇貴・角田陽子（2005）『心理臨床の場における心理検査の使用頻度について』日本心理臨床学会第24回大会発表論文集，p. 263

篠竹利和（2014）「心理アセスメント」厳島行雄・横田正夫（編）『心理学概説――心理学のエッセンスを学ぶ』啓明出版

泰一士（代表）（2020）『P-F スタディ解説〈2020年版〉』三京房

大六一志・山中克夫（2019）『改訂新版　障害児・障害者心理学特論――福祉分野に関する理論と支援の展開』放送大学教育振興会

髙橋雅春・高橋依子（2010）『樹木画テスト』北大路書房

髙橋依子（2011）『描画テスト』北大路書房

高橋依子・津川律子（編著）（2015）『臨床心理検査バッテリーの実際』遠見書房

津川律子（2009）『精神科臨床における心理アセスメント入門』金剛出版

東京大学医学部心療内科 TEG 研究会編（2019）『TEG3 マニュアル』金子書房

三上直子（1995）『S-HTP 法：統合型 HTP 法による臨床的・発達的アプローチ』誠信書房

山中康裕（編者）（1996）『風景構成法その後の発展』岩崎学術出版社

Exner, J., 中村紀子・野田昌道（訳）（2009）『ロールシャッハ・テスト――包括システムの基礎と解釈の原理』金剛出版

Koch, K., 岸本寛史・中島ナオミ・宮崎忠男（訳）（2010）『バウムテスト〔第３版〕――心理的見立ての補助手段としてのバウム画研究』誠信書房

Lichtenberger, E. O., & Kaufman., 上野一彦（訳）（2022）『エッセンシャルズ WAIS-Ⅳによる心理アセスメント』日本文化科学社

Wechsler, D., 日本版 WAIS-Ⅳ刊行委員会（上野一彦，石隈利紀，大六一志，山中克夫，松田修）（訳）（2018）『日本版 WAIS-Ⅳ実施・採点マニュアル』日本文化科学社

著者略歴

浜内彩乃（はまうち・あやの）

大阪・京都こころの発達研究所 葉 代表社員、京都光華女子大学健康科学部准教授。

臨床心理士・公認心理師・社会福祉士・精神保健福祉士。

兵庫教育大学大学院修士課程修了後、教育センターや発達障害者支援センター、精神科医療機関などで勤務。2018年９月に『大阪・京都こころの発達研究所 葉』を臨床心理士３名で立ち上げ、クライエントへのカウンセリングや心理検査、企業や医療・福祉機関への研修、専門職へのスーパーヴィジョンなどを行っている。

星野修一（ほしの・しゅんいち）

大阪・京都こころの発達研究所 葉 代表社員。

臨床心理士・公認心理師。

神戸大学大学院総合人間科学研究科博士課程前期課程修了後、教育センターや精神科病院などで勤務。その後、京都大学大学院教育学研究科臨床教育学専攻博士後期課程に進学し、単位取得後退学。代表社員を務めるオフィス以外に、精神科クリニックや学生相談室などに勤務。

心理職は検査中に何を考えているのか？
——アセスメントからテスト・バッテリーの組み方、総合所見作成まで——
ISBN 978-4-7533-1225-2

著者
浜内彩乃・星野修一

2023 年 9 月 1 日　第 1 刷発行
2024 年 7 月11日　第 2 刷発行

印刷・製本　㈱太平印刷社

発行所　㈱岩崎学術出版社
〒 101-0062　東京都千代田区神田駿河台 3-6-1
発行者　杉田 啓三
電話 03 (5577) 6817　FAX 03 (5577) 6837